U0069617

珍罕中國

古錢幣收藏

海外
淘寶

Collection of Rare Ancient Chinese Coins
A Treasure Hunt Overseas

彭慶綱/著

CONTENTS 目錄

前言 × 緒論

前言

多年前，我曾在隨身筆記中，為手邊幾枚海外收集的先秦古錢幣寫下：

「古錢是靜止的，寂寞的。在此偶然相遇，打破的是千百年的沈默，綻放的是天圓地方的神采，述說的是分分合合、成王敗寇的豪情。

本都將化為塵土，或永眠黃河岸、陰山旁，是什麼機緣它們重返俗世？又是什麼際會它們又遠渡重洋？千百年的風風雨雨，都已成往事，不必問、也找不到答案，只有滿身的青銅鏽，無言地傾訴歲月的滄桑。

相聚，是剎那也是永恆；像歷經風霜的古人，在今世吟唱著光陰的史歌，含蓄而不顯露，沈穩而有內涵，讓親近它們的人，聆聽著、陶醉了；讓看到它的人，都明白千百年的等待，只為此刻一敘、一睹、一快；讓擁有它的人，生活的更有品味、更有魅力、更有雅性。」

我不是瘋狂追逐古錢的「泉痴」，但對古錢情有獨鍾。總認為收藏無所謂「貴賤雅俗」之分，只要「心術正、心態好」，就是正當嗜好。有自己鍾愛的興趣，沈浸在正當嗜好中，不時忘了時間的存在，隨之而來的愉悅，筆墨難以形容。

勒內‧笛卡爾（René Descartes）法國哲學家、數學家、物理學家，著名哲學論著《談談方法（Discours de la Méthode）》中有段話：

「按照個人的傾向和努力從事必要的實驗，把自己獲得的經驗再告訴大家，代代相傳，使後人能夠接過前人的火炬前進，把多數人的生命和成績匯合在一起，這樣，我們群策群力，就可以大有作為，遠非個人單幹所能比。」

在退休之餘、利用閒暇寫下此書，將個人海外淘寶學習的經驗，如笛卡爾啟發所言，忠實地告訴大家。我著此書的目的主要有三：

- 分享多年古錢幣收藏心得及心路歷程，鼓勵已加入這個行列的人，更提升視野、享受收藏；同時啟發更多人知道，藏泉是個不錯的興趣嗜好選項。
- 通過對古錢幣背後歷史、時代人物軼事、貨幣制度的鮮活連結，希望新進的初心者，將本書作為古錢幣收藏的啟蒙書。
- 對於想藉海外淘寶，在收藏投資路上更上一層樓的有心人，將本書視為值得詳閱的入門工具書。

本書緒論中，首先為讀者淺談古錢幣收藏的三益處：「怡情、益智、延壽」，及個人三心得：

1. 享受玩歷史於手掌之上的樂趣
2. 真正領會「錢者，人君之大權，御世之神物」的法則
3. 當作長期投資的「生財工具」。

隨著經濟起飛，收藏大軍不斷壯大，這一股中國古錢幣收藏熱，已從中、港、台的華人圈，一路延燒到海外，「海外淘寶」亦隨之方興未艾。本書是一本有系統介紹海外收藏古錢的專書，共分四個章節，依循序漸進的方式，以緒論中所提的古錢收藏三心得：連結背後歷史、領會貨幣金融、長期投資生財，為書寫視角主軸，帶領讀者一步步走進珍罕古錢幣的海外淘寶世界。

第一章「海外淘寶 - 緣起與認識」

以袁大頭的緣起，深度探索它背後的貨幣制度與政策，分享個人海外收藏之道及樂趣；同時帶領讀者認清海外淘寶的現況，華人圈收藏市場面對的嚴肅問題；期盼以個人的學習心路歷程，啟發讀者海外淘寶的心靈共鳴。

第二章「海外淘寶 - 解析與優惠」

　　以問答的方式，為讀者解說，海外淘寶要淘的是什麼寶？這些寶是如何流落海外？海外真的寶多多嗎？接著為讀者說明，為什麼要在海外淘寶？解說海外淘寶的主因、動力、誘因、情懷，希望由解惑中，降低讀者對海外淘寶的距離感，提高親切感。

第三章「海外淘寶 - 準備與競買」

　　有了共鳴與親切感，以平鋪直敘的方式，帶動讀者體會，線上海外淘寶的行前準備、競買程序，分享淘寶實戰經驗、注意事項、國際權威認證的重要；期待了解競買的實際操作後，提升讀者對海外淘寶的認知與興趣。

第四章「海外淘寶 - 熱門與市價」

　　從歷朝貨幣制度出發，以海外熱拍的古銅錢、近代機製幣、紙幣、花錢、出譜錢等各類珍罕古錢幣為範例，闡述其背後相關史實與金融線索；並以實物海外成交圖片，讓讀者一目瞭然地具體明白，海外不同古錢幣市場的現況及價格。

　　本書提供了 180 多張，海外歐洲、美國、日本、澳洲等地，近期拍賣的珍罕中國古錢幣圖片，並參考引用了諸多文獻、書籍的精闢立論。我無意為任何海外錢幣拍賣公司打廣告，或鼓吹購買任何書籍文獻，但衷心期盼讀者經由此書，更體會中國古錢幣的魅力，明白正向的收藏心態。

　　一枚簡單的古錢幣，背後相關知識浩瀚如海，因有無數熱衷於「泉學」的前賢，窮畢生精力鑽研，透視了古錢幣與時事背後的金融之線，破解了古錢幣鑄造流通的歷史之謎，又有許多「泉家」群策群力、代代相傳，才

讓後人今天能充分享受著「玩錢」之樂。藉此書，我用心分享學習心得，讓讀者了解，在海外淘寶確有多重實惠優點，是值得一試的「藏泉」管道，進而走入海外淘寶之門，也為「泉界」進一份棉薄之力。

緒論 淺談中國古錢幣收藏

中國古錢幣迷人的地方到底在那裡？為何泉友隊伍不斷壯大？幾乎與集郵人數並駕齊驅，其中必有令人驚艷、無法抗拒的魔法！玩古錢，人人可完全擁有古人所言的收藏三益處：怡情、益智、延壽；除此之外，根據多年親身經驗，亦可：

1. 享受「玩歷史」於手掌之上的樂趣
2. 真正領會「錢者，人君之大權，御世之神物」的法則，及
3. 當作長期投資的「生財工具」。

緒論中將針對這三心得娓娓道來，並以它們為本書的指示路標，引導讀者走入海外淘寶之門。

藏泉三益：怡情、益智、延壽

東漢許慎名著《說文解字》，對「貝」字作了這樣的說明：

「古者貨貝而寶龜，周而有泉，至秦廢貝行錢。」

意指周代的通用貨幣叫「泉」，秦代廢止了貝貨，行用的通貨稱「錢」。又由《周禮·地官·泉府》中我們明白，周代的財政金融機構，名字就叫「泉府」。古昔「泉」為錢的代稱，應取於泉水流行周遍之意，這與通用貨幣的英文「currency」，字源於具「running, traveling（跑動、旅行）」之意的拉丁文「currens」，有異曲同工之妙。

歷朝錢幣用「泉」來命名，始於「附會周禮，托古改制」的新朝，王莽鑄「六泉十布」、「貨泉」，之後三國吳孫權鑄「大泉五百」、「大泉當千」、「大泉五千」，前涼張軌鑄「涼造新泉」，北周武帝宇文邕鑄「布泉」，唐高宗李治鑄「乾封泉寶」，五代十國南楚王馬殷亦鑄有「乾封泉寶」，南唐中主李璟鑄「永通泉貨」，至明太祖朱元璋在各省，清康熙在戶部，更設「寶泉局」，為正式的官方鑄幣機構。

　　清朝乾嘉以來，形成了第一次古錢收藏熱潮，以泉稱錢更為普遍。泉與錢是近音，具雅性、不帶錢的銅臭味，所以晚清民國以來，把研究錢幣稱「泉學」，收藏錢幣稱「藏泉」，愛好收藏錢幣的人稱「泉友」，精於錢幣收藏的人稱「泉家」，瘋狂的錢幣迷稱「泉痴」，以泉命名的齋號、室名、別號等更新不勝枚舉。

　　如今古泉雖已不能流通使用，但喜好藏泉的泉友，就自古不乏。據大陸多處窖藏考古發掘證實，早在漢朝就已出現錢幣藏家；南北朝至唐朝一些錢幣愛好者，更進一步以學術研究的方式，寫了如《劉氏錢志》、《泉圖志》、《顧烜錢譜》、《續錢譜》、《錢本草》等中國早期錢幣專書，只可惜這些錢幣圖譜均已佚失；目前留傳下來最早的專著，是南宋洪遵編的《泉志》。元朝至明朝時期，也有些寫紙幣、銅錢的書，但水準不及宋朝[註1]；清朝乾隆、嘉慶時期，民國二、三十年代，及上世紀 80 年代，中國大陸改革開放後，因緣際會地，分別掀起了三次錢幣收藏及研究熱潮。總之，至少自漢朝開始，歷朝歷代都有熱衷於「玩錢」的同好，一直延續至今。

　　然而今天若談到古錢幣收藏，有些人會直覺地認為銅臭味重，缺乏藝術氣息，不如玩瓷器、玉、字畫、金石、甚至古玩高雅。錢幣收藏由於門檻低、上手易，好收納、易保管，隨著中國大陸經濟起飛，及大眾傳媒鑑寶節目的宣傳之下，近幾年幾乎已成「全民運動」，更讓這些高雅人士覺得是庶民收藏，俗氣、檔次不高。

　　不管別人怎麼說、怎麼想，那是他們的自由，我總認為收藏無所謂「貴賤雅俗」之分，凡是能充實、豐富我們生活的東西，就有了「靈性」，只要「心術正、心態好」，就是正當嗜好，就人人能達到古人所謂的收藏三益處：「一是養性悅心、陶冶性情；二是廣見博覽、增長知識；三是祛病延年、怡生安壽。」

註 1. 呂鳳濤編著：《古錢幣收藏與投資》，華齡出版社，2009 年 1 月，頁 17。

簡單的說就是有怡情、益智、延壽的好處。與其他收藏比較，玩古錢幣在三益處上絕對毫不含糊，且已延續千年以上，談之坦然，不必面有菜色、不好意思。

有自己鍾愛的興趣，沈浸在正當嗜好中，不時忘了時間的存在，隨之而來的精神愉悅，筆墨難以形容。一枚簡單的古錢幣，可能涉及國號、年號、紀地、紀值、紀重，甚至材質、鑄造工藝、錢文書法、圖案紋飾等多方面知識，即知錢幣知識浩瀚如海、繁複而雜。無數前賢窮畢生精力博覽鑽研，因深知「學習而識之」的硬道理；對吾輩而言當然也無例外 ——「學之長見識，不學必無術」。有愛好、心靈上多一個寄托；長知識，腦子裏增一分活化；尤其對銀髮族而言，益智可能比吃任何補品補藥更能預防老人癡呆、延年益壽。

古錢幣收藏者在外圓內方之間找乾坤，身在群錢中，能玩錢於股掌之間，卻不受制於錢，實現了意義上的真正富足，從養性怡情的角度而言，功效應亦不亞於遊山玩水。

古錢幣上的銘文，記載著中國幾千年文字的演變過程，從大篆、小篆，到隸書、草書、楷書、行書，且多出自書法名家之手，藝術美學的韻味十足。例如，「秦半兩」為秦朝著名政治家、文學家和書法家李斯所書；唐朝「開元通寶」為唐初書法四大家之首歐陽詢所書；宋朝「淳化元寶」、「至道元寶」為宋太宗趙光義親書，開皇帝「御書錢」之先河；「崇寧通寶」、「大觀通寶」為宋徽宗趙佶親書自創之瘦金體；金代「泰和通寶」、「泰和重寶」為文學家、書法家黨懷英所書；清朝寶泉局所鑄鐵錢「咸豐通寶」為書法家戴熙所書，泉界稱「戴書咸豐」等。錢幣與書法藝術的結合，如此別樹一格的中國獨特造型，在玩錢的同時也是一種另類的美學怡情享宴。

每一枚古錢幣，都留著時光的沈澱、歲月的刻痕，在擁有及欣賞的同時，扮演著橋樑的角色，讓自己與那遙遠的時代在心靈上巧妙連接，正如我寫這首詞《秦半兩》所傳達的意念：

「土斑銅鏽秦半兩，嘗盡雨雪風霜。當年劉項入咸陽，阿房煙灰滅，天下成漢邦。有幸殘留人世間，無情歲月流光。誰言勝者便是王？千年彈指過，冷眼看滄桑。」

了然中，似乎與《三國演義》開篇詞，由明朝楊慎所寫的傳世名句「古今多少事，都付笑談中」遙相呼應，想說的是，古錢幣絕對不是俗氣收藏。

除了認同古錢幣收藏完全具備古人所言三益處外，依多年經驗，另提出分享藏泉三心得：

1. 享受「玩歷史」於手掌之上的樂趣
2. 真正領會「錢者，人君之大權，御世之神物」的法則
3. 當作長期投資的「生財工具」。

享受「玩歷史」於手掌之上的樂趣

比起其他古文物收藏，古泉的「歷史含量」更直接、更厚重，正如韓晗先生所著《讀錢記——誰把歷史藏在錢幣裡》的內容介紹所言[註2]：

「錢幣不僅是金錢，更是時代的記憶，見證歷史上的發展與變遷。每一枚錢幣，都有屬於自己的故事，述說著文明的興盛與衰敗。」

從先秦至民國，不是一朝一代，而是歷朝歷代，一枚枚不同的古錢幣，就像是一本本活生生的歷史教材；一枚枚飽受風霜的古錢幣，以滿身歲月的皺紋老斑，道盡「千年彈指過，冷眼看滄桑」的沈澱與平靜。中國幾千年的歷史就藏在錢幣裡，古錢幣是親近及了解悠悠歷史的最佳媒介。例如：

一枚屬於戰國時代齊國，鑄面銘文為「齊返邦長法化」的刀幣，俗稱「六字刀」[圖1]，許多錢幣研究學者認為「齊返邦」三字，指的就是公元前 279 年，「田單復國、勿忘在莒」的那段歷史。齊國在短短六個月，

註 2. 韓晗：《讀錢記——誰把歷史藏在錢幣裡》，獨立作家，2016 年 4 月 1 日。

【圖1】 先秦「齊返邦長法化」六字刀幣（G~VG，重 49.2g）。拍賣公司：日本株式会社オークション・ワールド (AUCTION WORLD CO., LTD.)；拍賣日期：2014 年 12 月 7 日；成交價：460 萬日元。

資料來源 https://www.auction-world.co/

【圖2】 北宋神宗「元豐通寶」折三篆書鐵母（直徑 32mm）。拍賣公司：西班牙 AUREO & CALICÓ, S.L.；拍賣日期：2020 年 9 月 17 日；成交價：70 歐元。

資料來源 https://www.numisbids.com/

被燕軍攻佔七十餘城池，最後僅以莒和即墨為根據地，將士用命、反敗為勝，奇蹟似地光復了所有失土，讓齊襄王得以由莒城返回齊國都城臨淄，六字刀即為紀念此重大功蹟，而鑄的紀念幣。六字刀無疑是中國最早，甚至世界最早的紀念幣，為刀幣中之魁首，文字雋秀、厚大精美的刀形幣，是否也讓你感受到，田單以火牛奇計攻破燕軍，一舉光復整個齊國的震撼？

　　一枚「元豐通寶」[圖2]，讓人追憶的是北宋神宗元豐四年（1081 年）「五路伐西夏」，那場中國歷史上罕見之大規模征戰。北宋乘西夏梁太后囚禁惠宗李秉常政亂之際，兵分五路：麟府路、鄜延路、涇原路、環慶路、熙河路，加上青唐吐蕃助陣，欲一舉消滅西夏，西夏亦以傾國之力還擊，有歷史學者估計，這場戰役雙方動員人數達百萬級。以多攻少的宋軍，因後勤支援不濟、地域氣候不詳、內鬥搶功等諸多原因，結果大敗，從此軍力一蹶不振。這枚元豐通寶，是否亦讓你看到「五路伐西夏」之兵敗，是

導致北宋由盛而衰的轉捩點？

　　一枚「靖康通寶」[圖3]，不需贅言，讓人直接聯想到的就是岳飛《滿江紅》中「靖康恥猶未雪，臣子恨何時滅」的千古名句。靖康恥指的是北宋欽宗靖康二年（1127年）四月，南下金兵攻破首都東京（今河南開封），擄走徽、欽二帝及皇族、後宮嬪妃、朝臣等三千餘人，導致北宋滅亡，史稱「靖康之亂」或「靖康之難」。靖康是北宋最後一個年號，也是北宋使用最短的年號，總計只使用了一年多，所以靖康通寶鑄量少、存世量稀，乃古泉名譽大珍。小小的一枚靖康通寶，是否也讓你遙望到岳飛為報國恥，那股豪氣干雲？

【圖3】 北宋欽宗「靖康通寶」折二篆書（G, 重8.9g）。拍賣公司：日本株式会社オークション・ワールド（AUCTION WORLD CO., LTD.）；拍賣日期：2013年12月8日；成交價：460萬日元。

資料來源 https://www.auction-world.co/

「駕長車，踏破賀蘭山缺」的

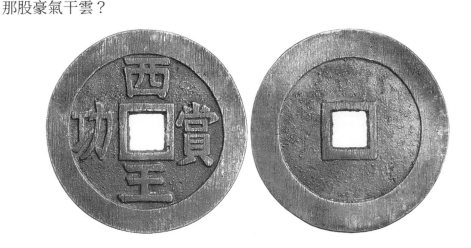

【圖4】 明末張獻忠「西王賞功」銀幣（VF, 直徑50mm，重45g）。拍賣公司：澳大利亞 Noble Numismatics Pty Ltd；拍賣日期：2020年7月28日；成交價：1萬澳元。

資料來源 https://www.numisbids.com/

　　一枚「西王賞功」銀幣[圖4]，述說的是明末清初流寇軍張獻忠的那段流竄歷史。清順治三年（1646年），佔據四川自稱「大西王」的張獻忠，率大軍並帶著成都府庫中搜刮來的大量金銀財寶，乘船順岷江南下，在成都南大門彭山江口附近，遭遇南明四川總兵楊展阻擊，大西軍戰敗，傳說所帶金銀珠寶悉沈江底。隨著近年考古工作者，對彭山區江口鎮附近岷江河道的發掘，打撈出200餘枚西王賞功金銀幣，同時也揭開了三百多年來「江口沈銀」西王寶藏的神秘面紗。西王賞功幣非市場流通貨幣，而是類似勳章，作為戰爭中論功行賞用之賞錢，西王賞功金、銀、銅幣皆為古錢收藏界大珍。一枚做工精湛、字體剛勁的西王賞功銀幣，是否讓你仿拂聽見岷江古戰場，兩軍戰船上火器猛烈攻擊的嘶殺聲？如果沒有，不妨走訪「四川彭山大西王張獻忠江口沈銀遺址」，親體一下、那段曾經只是傳說的真實歷史。

　　一枚袁世凱「飛龍銀幣」[圖5]，正面無文字，只有袁世凱身著大元帥服，頭戴鷺羽高纓冠的肖像，背面中央有飛龍圖案，上方鐫「中華帝國」四字，下方鐫「洪憲紀元」四字。此枚飛龍紀念幣，見證的就是袁世凱復

【圖5】民國五年袁世凱「中華帝國、洪憲紀元」飛龍銀幣（PCGS-MS67 Gold Shield）。拍賣公司：美國 Stack's Bowers & Ponterio；拍賣日期：2020 年 10 月 7 日；成交價：95000 美元。
資料來源 https://www.numisbids.com/

辟稱帝的那場鬧劇。民國四年（1915 年）12 月 12 日，袁世凱宣布接受帝位，廢除共和政體，改中華民國為中華帝國，廢除民國紀元，改民國五年（1916年）為「洪憲元年」，史稱「洪憲帝制」。此舉全國譁然，一致反對，致「護國戰爭」爆發，袁世凱稱帝僅 83 天後，於民國五年 3 月 22 日，被迫宣佈取消帝制，2 個多月後也因尿毒症不治去世。製作極精美，銀光閃閃的袁世凱像「中華帝國、洪憲紀元」飛龍紀念銀幣，是否也讓你再憶起，這位民國最具爭議的人物 —— 袁世凱？

　　古錢幣是中國幾千年歷史的縮影及見證，串聯起錢幣背後承載的人與事，就是一部歷史百科全書。有些我們耳熟能詳，有些也許從未聽過，但是能將歷史放在手上把玩、欣賞、遙想的真實感，甚至可以將歷史簡單而鮮活地傳承給下一代，或用於與親友群交談的益智話題，這種滿足感，是其他收藏難以比擬的。

真正領會「錢者，人君之大權，御世之神物」的法則

　　鑄幣造錢乃國之大事，象徵皇權、代表國家，百姓平常生活日用消費、朝廷財政收支、國際貿易通商，錢幣為萬貨之本，無不牽動著整個國家經濟民生命脈。北宋神宗時任宣徽南院使判應天府的張方平，在《論錢禁銅法事》中說的最直白[註3]：

> 「錢者，國之重利，日用之所急，生民衣食之所資。有天下者，
> 以此制人事之變，立萬貨之本。故錢者，人君之大權，御世之神
> 物也。」

　　貨幣本身具有價值又代表價值，承載著活絡民生經濟的天然使命。所以，藏泉的另一優點，就是容易從玩錢中提高自我境界，培養以貨幣金融、財政貿易、經濟民生宏觀角度，更深入探索歷朝歷代的興衰，及洞悉當今世界的財經動態與趨勢。

註 3. 張方平：《樂全集》，卷二十六，欽定四庫全書。

控制貨幣，就取得財富的支配權

英國著名經濟學家威廉姆‧斯坦利‧傑文（William Stanley Jevons）在其著作《貨幣與交換機制（Money and the Mechanism of Exchange）》中提出貨幣的四個功能：交易的媒介 (medium of exchange)，計價的標準 (standard of value)，價值的儲藏 (store of value) 和延期支付的工具 (deferred payment)。

貨幣是經濟運行的血液，其價值由經濟活動中的交易效率決定，與所有的經濟活動有著密不可分的關係，而經濟民生又與國家興衰密不可分，中外古今皆然。

歷代王朝少有例外，「錢者，人君之大權」，幾乎都將貨幣鑄造權及發行權牢牢掌握，嚴禁私鑄，因為當權者清楚知道，控制貨幣，即是取得社會財富的支配權；由貨幣鑄造和發行的壟斷，解決財政問題，進而鞏固政權。

君不見王朝的興盛傾滅，常與貨幣有絕對的因果關係，中國歷史上國泰民安的四大盛世：漢代「西漢盛世」、唐朝「開元盛世」、明代「永樂盛世」、清代「康乾盛世」，無一例外這些時期的貨幣財政相對穩定、社會經濟發達，以致文治武功達到頂盛。反觀動盪不安的亂世，多是貨幣財政紊亂，以鑄造虛值大錢、劣幣、大印鈔票等反常手段，企圖搜刮民間物資財富，來挽救危機，結果多導致通貨膨脹、經濟崩壞，惡性循環下社會矛盾激化、民不聊生、反抗起義軍四起，甚至王朝崩塌。

再看看當今全球所發生的財經金融大事：「貨幣量化寬鬆」、「石油美元」、「黃金避險」、「股市反彈」等，無一不與國際貨幣體系台柱「美元」環環相扣。美國身為世界第一強國絕非浪得虛名，無論是二戰後布雷頓森林體系（Bretton Woods system），或是後來的的美元信用本位體系，美國建立了以美元為核心的世界貨幣帝國，至今歷久不衰。

有人說美元在全世界流動，就像放棉羊吃草一樣，出去吃肥了回來，就剪羊毛收割，甚至大餐一頓吃到飽；整個美元全球通行的流程，已形成

了系統化的組合拳，至今打遍天下無敵手。基本上我同意美元的「放羊說」，整個流程已經形成一套系統，但不認為美元流動主因，是靠人為的製造地區衝突與危機，或操作「加息與降息」。美國股市、滙市、房市、金融保險等，由於交易方便、透明、信用好等種種原因，造就美元大量印發在全球流動後，又「自然回歸」美國，主要是市場機制使然，所以美國組合拳才玩的轉。

國際貨幣基金組織（IMF）於 2021 年 10 月 1 日公布的 2021/Q2 最新數據顯示，人民幣在全球央行外滙存底占 2.61%，再創歷史新高，名列美元 59.23%、歐元 20.54%、日圓 5.79%，及英鎊 4.76% 之後，但只排名第五。雖然美元在外滙儲備和跨境支付結算的占比有下降趨勢，但仍最大，尤其在外滙市場交易量上，一直是 80% 以上的占比、具有絕對優勢。

「疫情對全球經濟帶來巨的衝擊，可今天台面上能與美元抗衡的
貨幣尚不存在，更不必說取而代之，這意味著不管你喜不喜歡，
在真實貨幣金融的世界裡仍是美元說了算，美元仍是主宰大局、
不容憾動的霸主。」

但也有人說，未來是使用區塊鏈中的加密技術，如比特幣（Bitcoin）、以太坊 (Ethereum)、萊特幣 (Litecoin) 等，完全「去中心化」數位貨幣的天下，它們將有可能把美元趕下神壇、取而代之。說的倒是挺容易的，但現實世界裡，讓數位貨幣現在玩玩，滿足「價值感」可以，當數位貨幣越成功，尤其是其規模壯大到威脅美元地位之時，就是美國出重手打壓的時候。數位貨幣基本上違背了貨幣發展的準則：

1. 無法保證貨幣價值的穩定

2. 貨幣供應量越來越小造成通縮

認為數位貨幣將取代或打倒法定貨幣美元的說法，目前應仍是天方夜譚。

然而在未來，全球第一個官方發行，完全「中心化」，同時也採用了區塊鏈加密技術的法定數位貨幣— DCEP（ Digital Currency Electronic

Payment），可能將在中國大陸誕生。從 DCEP 英文字面即知，它不僅是數位貨幣，更強調電子支付；不過，它與前面所說的非國家政府發行數位貨幣不同，DCEP 的定位和人民幣完全一樣，是法定信用貨幣，只是以數位貨幣的形式來流通。DCEP 是否能讓人民幣跨境線上交易、更國際化？最終可達到去美元化的美夢，還言之過早！但可預見，將是一條漫長的荊棘之路。DCEP 的上路，無疑是貨幣史上的新里程碑，如果其他國家央行也跟進，那就是和紙幣、金屬硬幣等當今真實流通貨幣，正式說再見的時刻。也許到那時只有數位貨幣，真實流通貨幣完全絕跡的時代，中國古錢幣會更有價值。

貨幣制度，與王朝興衰息息相關

貨幣是王朝「御世之神物」，那貨幣制度就是御世之遊戲規則。雖然形成盛世、亂世的因素很多，貨幣相關制度是健全？還是疲弱？直接影響到財政金融、民生經濟的穩定，絕對是重要關鍵中的關鍵。

秦漢以降，基本上中國歷代的主要貨幣是銅錢，黃金、銀兩為輔助，大致可以視為銅本位幣制。北宋仁宗天聖二年（1024 年）在益州（今四川）發行中國最早，也是世界最早的紙幣「交子」；到元朝，紙幣成為主要貨幣，銅錢為輔助配角，徹底實行紙本位幣制，一直到明朝中葉。明成化到弘治年間（1464 - 1505 年），因市場機制，白銀貨幣化，此後銀兩成為主要貨幣，銅錢為補助，為銀本位制[註4]，直到民國二十四年（1935 年）發行法幣，才正式結束了四百多年的銀本位幣制。

這裡所謂之「本位」貨幣指的是國家貨幣制度所規定的標準貨幣，貨幣本位制指的是以何種貨幣作為本位貨幣。如金本位制就是以黃金為本位貨幣，銀本位制就是以白銀為本位貨幣，銅本位制就是以銅錢為本位貨幣，如果同時以黃金、白銀為本位貨幣，就叫金銀複本位制。當今世界各

註 4. 萬明：《全球史視野下的明代白銀貨幣化》，光明日報，2020 年 8 月 3 日。

國，幾乎都是紙本位制，但其發行量是根據經濟發展的需要而定，通過慎密的審查過程，進行嚴格的管控。本位制是金融貨幣制度裡的一個重要概念，因為本位貨幣的決定，就是決定以何種貨幣為主要流通標準貨幣，這與國家的前途命運息息相關。

例如從公元1271年元世祖忽必烈發布《建國號召》起，取「大哉乾元」之意，而建立的曠古未有超級強國元朝，不到一百年光景，即以極快的速度崩潰瓦解，打敗元朝的不是民族矛盾，也不是武裝力量，說穿了很可能是紙本位幣制[註5]！紙幣為本位貨幣有許多實質優點，但操作不當亦容易被其反噬。

元朝紙鈔以白銀為儲備保證金，建立相對完善的先進紙幣制度。但元朝東征西討，而且是一個沒有邊界意識的朝代，光打南宋就打了四十多年，之後又打日本、越南、緬甸、爪哇等國，連年高漲的軍費，讓紙本位幣制的元朝想到了老辦法 —— 大量印發「中統元寶交鈔」、「至元通行寶鈔」；紙幣不同於金屬貨幣，是信用貨幣，靠政府信用來保證其價值。當大量發行成為政府斂財、剝削的工具，本身沒有價值的紙幣，就是廢紙一張，引發嚴重的社會不安危機，無濟於事的多次變象換鈔，讓紙幣信用掃地，加上橫徵暴斂的賦稅政策，終於一發不可收拾、義軍四起，元朝滅亡、明朝代之。

又如《明太祖實錄》中明確指出銅錢的不便之處：

1. 鑄錢需要大量的銅

2. 民間私鑄銅錢

3. 銅錢值小，不利長距、大額交易

明太祖朱元璋決定繼元朝之後以紙幣為主要貨幣，於洪武八年（1375年）發行「大明通行寶鈔」，但大明寶鈔因不能直接兌換金銀，只發不收、且沒有發行限制，以致紙幣又信用大失、大幅貶值，明朝多次拯救寶鈔行

註5. 百度：《元朝這麼強大，為何卻亡得這麼快？還不是錢多鬧的》，https://mbd.baidu.com/newspage。

動包括禁銀等，仍無法讓寶鈔起死回生[註6]。

　　相對地白銀異軍突起，得到百姓廣泛認可使用，逐漸取代紙幣寶鈔成為主要貨幣；白銀從明朝初期的非法貨幣，到明朝中期成為合法本位貨幣，不是法律硬性規定造成，而是市場機制使然。之後伴隨著一系列政策包括賦役折銀的「一條鞭法」，及財政計量等制度改革等，白銀順勢又從內需，延伸到與全球市場接軌。其主要表現在兩方面[註4]：

1. 公元 1553 年廣東澳門開埠。葡萄牙人以澳門為中心，至少建立了日本長崎與葡萄牙斯本歐洲貿易航線，致日本白銀、美洲白銀大量輸入中國。

2. 公元 1567 年「隆慶開關」。明穆宗隆慶元年朝廷允准福建巡撫都御史涂澤民上疏，開放海禁「准販東、西二洋」，不久後開放福建漳州府月港，從此本以官方朝貢為主的貿易模式，轉型為私人海上貿易為主。此舉與不久後，西班牙於 1571 年佔據菲律賓馬尼拉相連貫，共同促成了著名的「馬尼拉大帆船（The Manila Galleon）」貿易，從此經濟世界化誕生，形成跨越全球國際海商發展之濫觴。

　　明朝的絲綢、茶葉、瓷器、鐵器等就像今日的名牌精品，廣受世界各國青睞，當時中國相對銀價高、物價低，歐洲商人一到東方，立刻就發現了這個大商機，以高價的明朝本位貨幣白銀，直接現金支付購買中國物美價廉的高檔流行精品，一時之間形成流了白銀大量流入，創造了著名的「白銀經濟」。據學者統計，從公元 1567 年隆慶開關到 1644 年明朝滅亡，七十多年間估計當時世界白銀總生產量的三分之一，約 3 億 3 千萬兩流入中國，全球三分之二的國際貿易與中國有關[註7]。

　　真所謂「成也白銀、敗也白銀」，銀本位的貨幣制度，帶給明朝中葉

註 6. 新浪網：《朱元璋三令五申禁止白銀當貨幣，白銀又是如何逆襲為主流貨幣的？》，https://k.sina.cn/article。

註 4. 萬明：《全球史視野下的明代白銀貨幣化》，光明日報，2020 年 8 月 3 日。

註 7. 王裕巽：《明代白銀國內開採與國外流入數額試考》，中國錢幣 1998(3):24-31。

以後中國的福禍，在《白銀帝國》一書的內容介紹中，直接明白地道出了核心問題^{［註8］}：

> 「明朝以後絲綢、茶葉、瓷器流通至全球貿易，使白銀大量流入，
> 至此中國成為銀本位國家，締造繁榮盛世。然而「白銀帝國」之
> 路，是光環，也是詛咒。當十八、十九世紀全球從金銀複本位轉
> 向金本位，而後過渡到現代金融法定貨幣系統時，中國未跟隨世
> 界潮流，導致對外戰爭如鴉片戰爭、甲午戰爭的失敗。一國財經
> 政策，足以左右國運，日本藉經濟改革一躍成為亞洲強國；中國
> 則因幣制的混亂、紙鈔的信用破產，讓列強有機可乘，千年根基
> 於百年內傾圮。」

貨幣本位制絕不只是一個金融理論概念，而是與黎民百姓息息相關的民生經濟，自明朝大航海時代來臨，當中國與全球市場、國際貿易開始密切接軌時，先是嘗到「白銀經濟」的甜頭，因而更堅定了白銀貨幣化的政策；但未意識到，這也是日後列強以先進貨幣金融制度操控，一步步鯨吞蠶食的肇始。

中國不自知地實行著落后的銀本位貨幣制度，晚清以來被列強玩弄、欺負，所帶來的恥辱、剝削、損失，難以估量。

古錢幣的收藏，讓我們知道貨幣制度與政策，對王朝前途影響巨大的同時，進而更能深入觀察與領會，當今在美元獨霸的現實中，全球三大資本中心：美國、中國和歐洲，彼此之間國際貨幣金融博弈的戰略與攻防。玩古錢中了解貨幣制度演變，將更有助於看懂經濟和金融的演進，不是嗎？

當作長期投資的「生財工具」

收藏如為學要「精益求精」、在精不有多，正是「千件俗品，不如精

註8. 徐瑾：《白銀帝國》，時報出版，2018年9月4日。

品一件」；在收藏路上，我非常贊同「求真是前提、求品是基礎、求精是境界」的專業說法。剛開始學習收藏錢幣時，要以多把玩熟摸普品起步，這完全可以理解，但不要在還是「半吊子」的時候，看啥愛啥、看啥買啥，結果造成俗品堆滿屋、精品沒半件，進退兩難的囧況。品相差、存世量大的古錢，從投資的角度而言，收藏價值不高。

收藏古錢幣，尤其是本書所說的珍罕古錢幣，存世量本就極少，更是精中之精；這些珍罕品常是有價無市，能夠有緣收藏到一枚，代表著三生有幸，是財力、眼力、專業知識及運氣的同時集合，才可能發生，這也是本書是以珍罕古錢幣為話題主角的原因。

擁有一枚珍罕古錢品的開始，就是投資的開始，千萬不要天天作白日夢、想的總是撿大漏、一夜暴富。收藏真的、品相佳的珍罕古錢幣，如同一項好的投資標的，日積月累、等待長期增值才是正道。

也許受到古代士大夫、讀書人的傳統觀念影響，一些藏家每每談到錢幣收藏，如同前面古人講的收藏三益處，總是高調談論精神身心層面的收穫，避開不談或勉強帶過在物質經濟上的優點，似乎是收藏若直接談到錢、投資生財，就覺得是拜金主義、低俗沒有品味，甚至羞於啓齒。

我堅定認為，古錢收藏是以「今錢養古錢」，期保值後升值，十足憑硬功夫賺正財、完全是光明正大，乃「君子愛財，取之有道」的實踐，無需遮遮掩掩，更不必不合乎人性，且不切實際地談古泉收藏。

一本古代民間神奇怪異故事小說集，東晉干寶所著《搜神記》中敘述，傳說生長在南方，像蟬但比蟬微大的一種叫「青蚨」的蟲，有母子連心、相依相應的特性，將母蟲的血塗在八十一枚銅錢上，再用子蟲的血塗在另外八十一枚銅錢上，到市場無論先用塗母血的錢，還是先用塗子血的錢，最後錢都會飛回來，如此這些錢可以反覆一直使用，永遠花不完。後人遂以「青蚨」代稱錢，以討錢有用之不盡之吉。

投資收藏古錢幣講的更白點，就是憑專業知識，以今錢投資珍罕古錢，期待像「青蚨還錢」一樣，錢會循環往復，未來會增值生財。因為珍

罕古錢幣已越來越少，越來越「可遇不可求」，而參與錢幣收藏的隊伍卻是日益壯大，偶爾在市場出現，競買的人也多如牛毛。每一枚珍罕古錢幣，都充滿了投資潛力，是可能的「搖錢樹」，未來增值空間大、值得珍藏；原因很簡單，就是「物以稀為貴」，這是收藏界永恆不變的鐵律。

然而古泉尤其是珍罕古錢幣收藏投資，並不如想像的那麼簡單，的確有一些收藏投資成功的佼佼者，但事實上除了僧多粥少、投資有風險外，由於假貨橫行，吃虧上當的人也比比皆是。沒錯，古錢幣收藏具有創造財富的好處，就如同其他所有的投資收藏，至少要先練好眼力、具備專業知識的硬功夫，才是淘寶投資的不二法門。

結語

　　緒論中先為讀者淺談中國古錢幣收藏的益處與優點，無非是想要鼓勵已加入這個行列的人，更提升視野、享受收藏；亦是希望尚未加入這個行列的人，知道收藏古錢幣是不錯的興趣嗜好選項。

　　有人會問：難道古錢幣收就沒有壞處嗎？

　　我的回答：沒有，但要心術正、心態好。

　　周武王滅商之後，消息傳至周邊的九夷八蠻，於是西蕃就向周進貢寶犬，太保召公奭寫了一篇提醒周武王的文章 ——《尚書·旅獒》，文中有一名句：「玩人喪德，玩物喪志」，正可以用來提醒所有玩古錢收藏的同好。

　　今天許多地下工廠造高仿假幣圖利的，都是最懂古錢幣的高手、藏家；許多藉鑑定拍賣欺騙的，都是所謂的錢幣專家或文物藏家；玩人喪德就是心術不正，這些都是同好的錢幣達人，不但害了一般民眾、正派鑑定拍賣公司，更弄殘了古錢幣的國際名聲，令人不恥！另外，有些人沈迷於追逐古錢幣，醉心於短線暴利，到了廢寢忘食、不能自拔的地步，其他正事一概不放在心上，這樣就是心態不好，標準的玩物喪志，完全辜負了藏泉的益處與優點，令人惋惜！

　　「收藏不難，入門難」是古錢幣收藏的最好寫照；收藏門檻低，但入門門檻高，海外收藏珍罕古錢幣門檻更高。然而沒有人天生就是高手、專家，都是一步一腳印，從失敗中努力學習、從學習中慢慢成長，心術正、心態好，才有可能玩出個名堂，這是收藏人生不變法則。

　　對於想藉海外淘寶，在藏泉路上更上一層樓的有心人，本書正是為你量身定做的入門工具，在之後的四個章節：

　　1. 海外淘寶 - 緣起與認識

　　2. 海外淘寶 - 解析與優惠

3. 海外淘寶 - 準備與競買

4. 海外淘寶 - 熱門與市價

我將以緒論中所提的古錢收藏三心得：連結背後歷史、領會貨幣金融、長期投資生財為視角主軸，帶領讀者一步步走進收藏珍罕古錢的海外淘寶世界。

01.
緣起與認識

第一章 海外淘寶 - 緣起與認識

　　袁大頭，是我海外淘寶的起點。它啟發了我對清末、民國貨幣史的深度探索，進而體會了藏泉之道及樂趣；它點通我認識到整個古錢幣市場，至少存在兩大嚴肅的問題：

　　1. 贗品假貨充斥

　　2. 借拍賣鑒定名義行詐騙之實者到處可見

　　相較下，現代海外淘寶或不失為收藏管道的另類選擇。本章分享我的收藏心路歷程，期盼先喚起讀者的共鳴。

從袁大頭說起

　　民國三十八年（1949 年）9 月 16 日，這個颱風天的傍晚，家父時任國軍七十三軍 316 師人力輸送團第一營副營長，隨軍長李天霞由福建平潭島的蘇澳港緊急登船，在共軍曳光彈及機槍掃射中倉卒撤離，於 9 月 20 日傍晚抵達台灣基隆港。家父在回憶錄中寫道[註1]：

「因為數天未進飲食，上岸後，幸好身邊有袁大頭，就以一銀元兌換了 11 萬舊台幣，買了幾罐鳳梨及一串香蕉充饑，解決了來台後難忘的第一餐。」

　　打從我有記憶開始，就覺得家父對由大陸隨身帶來的袁大頭，有著莫名且特殊的感情，也許因為這是他當初來台灣時，唯一仍留下之物吧！平時這些袁大頭都深鎖在一口大木箱中，只有春節過年的時候，才會取出讓小孩把玩；猶記他會親自邊說邊示範，用手指垂直捏著袁大頭中心，對著齒邊用氣一吹，然後迅速放在耳邊，就會聽到悠揚共鳴「嚶」的顫音；另

註 1. 彭濟濤：《皓月千里——彭濟濤自述與詩篇》，2012 年 5 月 6 月，頁 104。

外，就是將兩個袁大頭邊緣，上下輕輕互撞，也會發出清脆綿長的「鏘鏘」聲。把玩袁大頭是兒時美好的回憶，那清脆綿長的聲音，至今仍餘音繚繞、不曾忘懷！

多年前家父將十枚袁大頭給了我和家兄，其中的五枚又隨我輾轉到了日本。在一個偶然的機會，我無意中看到一家名為「神戶コイン（神戶錢幣）」小店的平面廣告，上面「中國穴錢（中國古錢）鑑定、買入」幾個字，深深吸引了我的目光，因好奇心驅使，且小店離我住的地方還不算太遠，遂決定過去探個究竟。

這間古泉店位於日本神戶市灘區備後町，離六甲道 JR 車站走路不到三分鐘的路程，一看就知道是間老舖，進門左邊堆放著一冊冊雜亂無章的中國歷代古錢，右邊展示玻璃櫃則主要放置著日本銀元，兩側架上及地上放滿了中文及日文的錢幣書籍。老闆福家先生，七十來歲，是位對中國古錢有深入研究的泉家，在他偶爾指點之下，我開始有了點進步，「漸窺廟堂之高、漸知浩瀚如海」，同時也自修看了許多古錢幣相關的中、英、日文書籍及文獻，才知中國古錢幣是門不簡單的「深學問」。

因為手邊有現成的五枚袁大頭，於是就從袁大頭背後的歷史，及相關的清末民初貨幣制度為起點，開始對中國古錢幣做了較深入的學習，同時也逐漸展開了海外淘寶、長期投資之路。

本來只知袁大頭是民初通用銀元，其他一無所知。當深入研究才知道，袁大頭乃銀元之寶、版本眾多，串連起背後的歷史，竟是一部因為落後的貨幣制度與金融體系，在無知、無能、無奈下，衍生出近代中國「人為刀俎，我為牛肉」的心酸血淚史。

清末的幣制，落後、紊亂又受制於人

清末的貨幣市場，只能用又雜又亂形容。除了中央、各省鑄造的銀錠、銀元（因背面中間為蟠龍圖紋，民間俗稱「龍洋」或「龍銀」）、銅元，及印發的紙幣、銀行兌換券外，外國銀元、外銀紙幣亦在市場橫行、大量

流通，已占清末全國貨幣總額的 30% 以上^[註2]。以當時金融市場的龍頭上海滙豐銀行而言，掌管著三分之二以上的外滙市場成交量；上海通用鈔票，以滙豐發行之銀兩票和銀元票最多，「人民視之，幾與現洋無異」，所有的通商口岸，沒有一處不用滙豐紙鈔。更遑論各地方政府、私人票號錢莊鑄造的銀錠及印發的錢票、銀票，形式不一、混雜無章。

清政府並不是不知道貨幣制度的重要，只是一直隔靴搔癢，糾結在「圓兩之爭」，而未真正解決核心的「銀本位」貨幣制度問題。

19 世紀初英國就實施了金本位制，19 世紀中葉以後，因工業革命的大躍進、商業興起，大宗交易日益，價值較低的白銀已不能滿足實際經濟發展需要，從 1870 年到 1900 年，世界主要國家紛紛加入金本位的國際金融遊戲規則，白銀地位隨之墜落。尤其日本在 1897 年甲午戰爭後實行金本位制，更形成清廷貨幣制度急需改革的共識。加上鴉片戰爭之後不平等條約賠款，多以英鎊等金本位貨幣結算，清政府須將白銀依當時滙率換成黃金支付各國，1900 年後世界銀價暴跌，每年因金價大漲而要追加多付一大筆白銀，因滙率波動而間接造成的巨大損失，清朝稱之為「鎊虧」。清朝落後的銀本位貨幣制度，越來越受制於西方主導的國際金融體系，已到了非改革不可的地步。

清末幣制改革主要是圍繞在：1）貨幣本位制，和 2）貨幣計重單位，兩個議題上。在時間上，這兩個議題是相互交差重疊，前者是問題核心，後者的表面是「圓兩之爭」，而背後則真正是中樞權力之爭。在朝野大臣紛紛上書提出幣制改革上，清末幣制本位的改革方案有三：一是金本位制，由駐俄國公使胡惟德、駐英公使汪大燮等人提出；二是繼續銀本位制，由湖廣總督張之洞等提出；三是金滙兌本位制，由海關總稅務司英國人赫德（Robert Hart）建議實行^[註3]。

註 2. 張寧：《清代後期的外幣流通》，武漢大學學報，人文社科版，2002(3):307-312。

註 3. 陳忠海：《近代以來的貨幣本位之爭》，中國共產黨新聞網，http://theory.people.com.cn/，2016 年 09 月 26 日。

金滙兌本位制，又稱「虛金本位制」，與普通金本位制不同，簡單而言赫德的建議，就是將中國傳統慣用的銀兩改為銀幣，而主要銀幣庫平壹兩（庫平：清政府收徵租稅，出納銀兩所用衡量標準，訂立於康熙年間，1908 年清廷度支部擬訂統一度量制度，規定以庫平爲權衡標準，庫平壹兩為 37.301 克），與英鎊比價永遠固定（八兩等於一英鎊），也就是間接按照英鎊的價值流通於市場[註4]。

在黃金開採量低，及現實條件不允許中國像其他主要國家，立即實施金本位制之下，當時普遍共識，是未來以建立金本位制為終極目標，現階段在條件未具備時，先實行銀本位制或金滙兌本位制為過渡時期。但在湖廣總督張之洞、度支部尚書載澤等人強力反對，並提出繼續實行銀本位制，才合乎中國傳統及現實需要之下，於光緒三十四年（1908 年）九月，清廷正式否決了金滙兌本位制，再度確定銀本位制。

在貨幣本位之爭中，支持繼續銀本位制的一方，亦在主銀幣的重量上意見嚴重分歧，即鑄造銀元壹兩主幣，還是以圓為單位的七錢二分主幣，這就是清末爭辯最激烈的「圓兩之爭」。「兩派」主要人物是張之洞、袁世凱及慶親王奕劻等；「圓派」的代表人物為度支部尚書載澤、醇親王載灃等。雙方權力爭鬥中互有展獲，在光緒三十三年（1907 年）到三十四年（1908 年）進入白熱化[註5]。1908 年底光緒皇帝、慈禧太后相繼離世，宣統皇帝溥儀即位，其父載灃為攝政王，「圓兩之爭」才告一段落。宣統二年（1910 年）先後頒布《大清銀行則例》和《幣制則例》，定調銀本位制以「圓」作為國幣單位，「圓派」最終勝出。

始終是「白銀帝國」的清朝，白銀代表財富是基準貨幣、是交易貨幣、是賦稅貨幣，白銀流入量及價格影響巨大，因為整個經濟的運行幾乎全靠白銀。雖然窮途末路的清政府也曾試圖要改革幣制，但改革始終沒有解決

註4. 申報：《大清銀幣的「兩，圓之爭」與大清金銀幣的「本位之爭」》，七十七載，2019 年 5 月 30。

註5. 每日頭條：《晚清龍洋的「圓兩之爭，隔靴搔癢而為未觸及本質！》，2020 年 6 月 17 日。

幣制亂象，十多年的「圓兩之爭」，也沒觸及貨幣銀本位的根本核心問題，不知為何而爭？或正如梁啓超所言：

「而論者乃視為一大事而攘臂爭之，真乃大惑不解也。」

一切所謂改革也為時已晚，還沒來的及力挽狂瀾，1911 年 10 月 10 日武昌起義成功，1912 年 1 月 1 日中華民國在南京成立，同年 2 月 12 日宣統皇帝溥儀宣布退位，清朝正式滅亡，自 1636 年皇太極改國號為清，歷 11 帝、國祚 276 年。

袁大頭，銀元之寶、銀元之不倒翁

民國元年（1912 年）3 月 10 日袁世凱在北京就任中華民國第二任臨時大總統，同時也概括承受了清末貨幣制度的一切亂象，或更有過之，有人統計當時社會上流通的中外貨幣至少在百種以上，銀元就有民國開國紀念幣[圖1]、大清銀幣、外國銀元等十多種，還有銀錠、銅元、銅錢、鐵錢，本國銀行紙幣、銀票、滙票，外國銀行鈔票就有近二十種，可以說是五花八門、琳琅滿目。

為了解決這種貨幣規格不一、交易不便，產生的民生積怨，同時籌措北洋政府軍費來源，提高並鞏固自己的政治地位，袁世凱對貨幣改革可以說是既關心又用心。

民國元年（1912 年）7 月 15 日成立的幣制委員會，對貨幣本位制提出了四種方案：金銀複本位、金滙兌本位、金本位、及銀本位。本來傾向的金滙兌本位制，就是發行紙幣但不直接與黃金掛鈎，而是與另一金本位

【圖 1】民國元年孫文「中華民國開國紀念幣」壹圓銀幣 (XF+)。拍賣公司：波蘭 Warszawskie Centrum Numizmatyczne；拍賣日期：2020 年 11 月 14 日；成交價：4867 歐元。

資料來源 https://www.numisbids.com/

制國家的貨幣如英鎊，保持固定兌換比價，並存一筆外滙或黃金作為平準基金，增強本幣的避險能力。結果如同清末之貨幣改革，又因考量現實條件不允許，及北洋政府已無力舉債籌措平準基金，在當時權傾一時，人稱「二總統」、「活財神」的梁士詒等人支持下，銀本位制又脫穎而成最終唯一選擇[註3]。

除了銀本位的貨幣經濟本質問題，落後且又不能完全掌握的金融體制也是關鍵。金融人才缺乏，金融法規長期空白，外國銀行長驅直入，在中國隨便印發鈔票，簡單一句，就是金融命脈在列強的手裡。在這樣的情況下，無論是清末還是民初，貨幣改革總是以選擇與現實妥協收場。

民國三年（1914年）2月7日當時袁世凱領導的北洋政府，根據頒布的《中華民國國幣條例》及《國幣條例施行細則》，確立銀本位貨幣制度，最終訂正面袁世凱側面頭像，背面嘉禾銀元為國幣，以「圓」為單位，重「庫平七錢二分（約26.87公克）」、直徑39mm、厚度3mm，含純銀89%，銅10%，錫1%，此銀元俗稱「袁大頭」、「袁頭幣」、「袁大洋」、「袁洋」或「大洋」。國幣另有中圓（即半圓）、貳角、壹角銀幣三種，伍分鎳幣一種，及為貳分、壹分、伍厘、貳厘、壹厘銅幣五種，於民國四年（1915年）1月新幣開始發行。

晚清外國銀元能在中國市場橫行，不僅是品質可靠、重量一定，最重要的是含銀量穩定，尤其是其中的墨西哥鷹洋，市場佔有率第一，乃箇中翹楚。清晚期按照當時上海銀錢所價目表，以成色最好的墨西哥鷹洋訂為1，南方各省龍洋減少0.15‰至0.25‰，北洋造幣廠之龍洋減0.5‰，奉天、吉林、東三省、四川等地龍洋，因成色差，錢莊素不通用[註6]。

大清龍洋雖是仿外國銀元來製造的國貨，但在品管質量上沒仿到位，

註3. 陳忠海：《近代以來的貨幣本位之爭》，中國共產黨新聞網，http://theory.people.com.cn/，2016年09月26日。

註6. 鉅臻堂主：《在中國流量最大的外國銀元》，百度，2020年3月20日。

一些地方官吏更趁各省自鑄之機偷工減料，並不許其他省造的龍洋流入，結果與外國銀元，面對面在中國市場的抗衡中，不但未能得到主場的優勢，反而使整個晚清幣制更趨複雜[註7]。

　　也許是吸取了前朝的教訓，北洋政府在袁大頭的鑄造上有板有眼、毫不含糊，要求全國各地的造幣廠，嚴格遵守造幣標準；由於袁大頭幣型規整，重量嚴格規範，含銀量足又易識別，很快就被老百姓認可接受，迅速打敗了大清龍洋流行開來，成為全國流通的「硬通貨」[註8]。

　　根據陳存仁先生所著傳記《銀元時代生活史》，此書記載民國三年（1914 年）一位私塾老師的月薪是 12 塊大洋，綢緞莊總帳房月薪 10 塊大洋，民國六年（1917 年）米價每石 3 元 6 角[註9]。當年剛留美歸國的胡適，出任北京大學教授，拿到手的月薪是 280 塊大洋，他興奮地寫信回家道：「適初入大學便得此數，不為不多矣」。上海工人的工資，一個月多在 10 至 25 元左右，門診看一次要一元，急診十元[註10]。對普通老百姓而言，袁大頭代表的是紮紮實實的銀元，一塊袁大頭絕不是小錢，一塊袁大頭的確很具購買力。

　　民國六年（1917 年）北洋政府乘勝追擊，規定一律使用袁大頭；民國八年（1919 年）全國金融中心上海的錢業公會終於通過決議，取消鷹洋等外國銀元的行市，規定只能使用國幣，從此長期擾亂金融市場甚巨的外國銀元，才正式退出中國流通貨幣舞台、走入歷史[註6]。北洋政府於民國八年、九年、十年（1919 年 - 1921 年）連續三年大量續鑄當時人氣

註 7. 國文藝術：《晚清在國內流通的外國錢幣》，搜狐文化，2018 年 11 月 27 日。

註 8. 周惠斌：《「袁大頭」銀幣的出籠始末》，東方收藏，2011(4):115-116。

註 9. 陳存仁：《銀元時代生活史》，廣西師範大學出版社，2007 年 5 月，頁 6-9。

註 10. 張嶔：《民國初期的一塊大洋，相當於現正多少錢的購買力？》，百度，2020 年 3 月 15 日。

註 6. 鉅臻堂主：《在中國流量最大的外國銀元》，百度，2020 年 3 月 20 日。

十足的袁大頭[註11]。堪稱「良心國貨」的袁大頭，在民國五年（1916 年）
6 月 6 日袁世凱去世後，其後鑄者仍自始至終保持「成色足、質量好」的
原汁原味，這讓袁大頭的聲譽也因此一直屹立不搖，保持廣大銀元交易市
場的龍頭地位，直到北伐成功。

「亂世英雄」袁大頭，歷久不衰

　　民國十六年（1927 年）國民政府定都南京，重鑄民國元年孫中山像
「中華民國開國紀念幣」金[圖2]、銀幣（設計同金幣），銀幣略小於袁
大頭，俗稱「孫小頭」，發行數量極大，同時也形成南方用「孫小頭」，
北方用「袁大頭」的現象。民國十七年（1928 年）北伐成功後乃訂孫小
頭銀幣為國幣，宣布禁鑄袁大頭，但此時各地除使用孫小頭外，袁大頭亦
可流通。

【圖 2】民國十六年孫文「中
華民國開國紀念幣」壹圓金幣
（NGC-MS66）。拍賣公司：
日本株式会社オークション・ワ
ールド (AUCTION WORLD CO.,
LTD.)；拍賣日期：2019 年 7 月
20 日；成交價：840 萬日元。

資料來源

https://www.auction-world.co/

　　經過審慎的策劃，民國二十二年（1933 年）3 月 10 日國民政府發佈《廢
兩改元令》，接著於 4 月 5 日頒佈《銀本位幣鑄造條例》，「廢兩改元」
結束了中國近千年的銀兩制，同時由中央造幣廠統一鑄造國幣——孫中山
像背雙帆船銀元，俗稱「船洋」大量發行。

　　如果說袁大頭讓大清龍洋、外國銀元壽終正寢，「廢兩改元」即是讓
以銀兩為貨幣的交易、計價、賦稅、收支等正式走入歷史，在統一貨幣

註 11. 齊庚：《八十年風雨「袁大頭」》，藝術市場 , 2004(10):124-125。

上向前邁進一大步，為之後的法幣紙鈔發行先舖好了路；然而中國行使銀本位貨幣制度的本質並未改變，經濟民生仍深受到世界銀價波動的牽制[註12]。於此同時，船洋亦仍無法完全阻止，魅力十足的袁大頭在民間流通。

民國二十三年（1934年）6月美國通過了《白銀收購法案》，國際白銀價格暴漲，中國白銀前所未有地大量外流，引發了1934年夏天至1935年的「白銀風潮」；造成通貨緊縮、物價下跌、企業倒閉，引起大規模擠兌、搶購，社會經濟陷入嚴重危機，中國成為最大、最直接的受害者。白銀價大升，造成嚴重通貨緊縮，白銀價劇降，引起通貨膨脹，唯有放棄銀本位，不再和白銀糾纏才是出路，已成為當時之共識。

國民政府決心實施貨幣改革，於民國二十四年（1935年）11月4日頒佈《財政部改革幣制令》，以中央、中國、和交通三家銀行（後加入中國農民銀行），發行之鈔票為國家信用法定貨幣，簡稱「法幣」。法幣是中國近代的一件大事，它的產生讓中國的貨幣邏輯，由以貴重金屬為擔保的本位制貨幣，轉變到金滙兌本位制，以政府擔保的信用貨幣。簡單的說就是人民要信任政府，政府亦承諾保證人民拿著紙鈔就能買東西。

法幣統一了全國貨幣，加速中國經濟共同體的形成，結束了明朝中葉以來，中國近五百年的銀本位幣制。法幣的改革是史無前例的，法幣不只與銀脫鈎，擺脫了世界銀價漲落的影響，同時與英鎊、美金掛鈎，尤其得到美國協助、創造雙贏，使得滙價穩定，有利於對外貿易發展和國際收支平衡[註13]。

民國二十六年（1937年）7月7日，對日抗戰正式全面爆發，稅收銳減，為支付龐大的軍費，國民政府採取了猛印鈔票的「貨幣寬鬆政策」，同時實行外滙統制，漸漸地已無法支持法幣滙價，法幣也由原來的金滙兌

註 12. 可可詩詞：《實施廢兩改元及影响》，https://www.kekeshici.com/，2019年5月22日。

註 13. 每日頭條：《民國法幣之殤（一）、（二）、三）》，2018年8月7日。

本位制，轉成紙幣本位制貨幣。至民國二十九年（1940 年起），國民政府取消了無限制外滙買賣，法幣的價值於是開始一路下跌至民國三十四年（1945 年）8 月 14 日，日本無條件投降[註 14]。

抗戰前民國二十二年（1933 年）「廢兩改元」及 民國二十四 （公元 1935 年）「法幣改革」，兩年內完成了不經過金本位，直接廢除銀本位制，到信用貨幣紙鈔成功推出，對「民國黃金十年（1927 年 - 1937 年）」貢獻巨大，並為後來的全面抗戰打下了經濟基礎[註 15]。在整個抗戰期間，雖然經濟艱困，但在英、美保證與國人支持下，法幣仍是唯一能通行全國的「硬貨幣」，維持了當時中國財政的穩定，實乃抗戰勝利最重要的支撐、功不可沒[註 16]。

抗戰勝利後，國共內戰繼起，國民政府持續大量發行法幣以支付高漲的軍費，已然疲憊的經濟自然難以支撐，終於引發惡性通貨膨脹，國軍在軍事上又節節敗退，法幣急劇貶值，為挽救瀕臨崩潰的經濟，於民國三十七年（1948 年）8 月 19 日，廢除法幣，以金圓券取代，不久金圓券也成廢紙，後又以銀圓券取代金圓券，同樣沒多久，幣值也一瀉千里。這段歷史在家父的回憶錄中有詳細記載[註 1]：

「民國三十七年八月改革幣制，將法幣改為金圓券，以一元金圓券折合法幣三百萬。憶當時在徐州任上尉連長，月薪 78 元金圓券，折算約 2300 多萬法幣，當時士氣為之一振，因為市面上紅金絲香煙已賣到 120 萬元法幣一包，一碗肉絲麵已賣到百萬元法幣，其餘就不必提了。自幣值改革後，香煙不到一角一包，一碗麵也就幾分錢或一角錢一碗，即使是黃金亦不過是二十元金圓券一兩，以一個上尉可領 78 元的月薪，該多麼

註 14. 維基百科：《法幣》，https://zh.m.wikipedia.org/wiki/。

註 15. 朱嘉明：《1934 年的白銀流出態勢是鴉片戰爭時所不及的，為過去 5 百餘年所未有。》，旺報，2012 年 4 月 28 日。

註 16. 韓信夫、姜克夫主編：《中華民國史大事記》，北京中華書局，2011 年。

註 1. 彭濟濤：《皓月千里——彭濟濤自述與詩篇》，2012 年 5 月 6 日，頁 98。

愉快、多麼富有。可是好景不長，不到月餘，通貨膨脹、經濟崩潰，金店休市，黃金買不到，其他物資也一樣無市，再過數月，金圓券滿天飛，不值一文錢。迄民國三十八年七月，由金圓券改制銀圓券，一元銀圓券兌一元銀元，但老百姓只用銀元，不用銀元券，銀元券不久又變成廢紙。而銀元又分龍洋和袁大頭，一個士兵發一元銀元，如果上級發袁大頭，軍中那班管錢的各級軍需，領到袁大頭後，就再換成龍洋，發給下級官兵，賺中間差價，因袁大頭較龍洋分量重、價值較高，當時一元袁大頭，可購豬肉10斤至12斤，可見袁大頭之實用。」

通過法幣改革廢除了銀元制度，許多銀元被國民政府收購，之後一部分賣給美國賺取大筆外滙，另一部分則回爐熔鑄庫存，作為貴重金屬儲備，此舉日後對支持長期對日抗戰有莫大助益。然而，大量的銀元，以袁大頭為主仍然在民間廣泛流通，在抗戰期間，偏遠地區根本不認紙幣、只認銀元，許多地方仍存在法幣、銀元並用的實況。雖然袁世凱只當了83天皇帝，但袁大頭一直受到老百姓的厚愛，在動亂的近代中國流通了近半個世紀，真可謂「銀元之寶、銀元之不倒翁」。

袁大頭發行量驚人、版本眾多

從民國三年（1914 年）到民國十八年（1929 年），袁大頭由於鑄造時間長，參與的造幣廠多，總發行量超過 7.5 億枚，現存版本眾多而雜，僅官方鑄造版本，保守估計就有 100 種以上[註 17]。除了有民國三年、八年、九年、十年不同年份鑄造的壹圓袁大頭外，其中又可分：「O」版、粗髮版、精髮版、三角圓版、開口貝版、大「S」版、加字「甘肅」版、簽字版、竹節花版、T 字邊版、鷹洋邊版、山東大扣版、加字「蘇維埃」版等不同版本。

簽字版就是正面袁世凱像的右側，四點鐘方向，有英文「L.GIORGI」

註 17. 甄藏閣：《袁大頭的 120 个版本，你都見過嗎？》，https://zhuanlan.zhihu.com。

或「L.G」縮寫，是義大利雕刻師「魯爾治.喬治」的簽名，此幣千萬中選一，可遇不可求。普通的甘肅版並不貴，但民國十九年到民國二十年間（1930 年 - 1931 年）由甘肅省自行鑄造，在民國三年的袁大頭左右加「甘肅」二字，作為馮玉祥部隊軍餉用的加字甘肅版，身價就大不同，因為特殊，素為收藏熱門。

另外，1931 年湘鄂西省蘇維埃政府為保障紅軍供給和紅色政權建設，「湘鄂西省農民銀行」於袁大頭正面右側打上了「蘇維埃」的戳記，在紅區流通使用此幣，但許多已經被國民政府沒收溶毀，存世量不多且具歷史意義，喜愛收藏者眾多。

袁大頭作為銀元之不倒翁，長期流通、存世量極大，在海外袁大頭也是熱賣品種，一般就在一萬日圓左右（約 2600 台幣），品相好的貴些，但很少有人細分什麼版本，基本上由買者憑眼力、知識自行判定，品相好的價格當然高些；其中稀有的如甘肅版[圖 3]、蘇維埃版[圖 4]，另外頂級珍品如民國三年袁世凱羽根帽「中華民国共和紀幣」壹圓金、銀幣[圖 5、

【圖 3】民國三年壹圓袁大頭加字「甘肅」（NGC-XF cleaned）。拍賣公司：荷蘭 Schulman b.v.；拍賣日期：2020 年 10 月 22 日；成交價：11500 歐元。

資料來源 https://www.numisbids.com/

【圖 4】民國三年壹圓袁大頭加字「蘇維埃」（VF）。拍賣公司：澳大利亞 Noble Numismatics Pty Ltd；拍賣日期：2020 年 3 月 31 日；成交價：750 澳元。

資料來源 https://www.numisbids.com/

【圖 5】民國二年袁世凱羽根帽「中華民国共和紀幣」壹圓金幣（NGC-MS64）。拍賣公司：日本株式会社オークション・ワールド（AUCTION WORLD CO., LTD.）；拍賣日期：2019 年 7 月 20 日；成交價：840 萬日元。

資料來源 https://www.auction-world.co/

[圖6]、民國五年袁世凱「中華帝國、洪憲紀元」飛龍金幣[圖7]，全都價值不菲。

【圖6】民國二年袁世凱羽根帽「中華民国共和紀幣」壹圓 L.Giorgi 簽字銀幣（NGC-MS63+）。拍賣公司：日本泰星コイン株式会社（Taisei Coins Corporation）；拍賣日期：2021 年 2 月 21 日；成交價：900 萬日元。

(資料來源) https://www.numisbids.com/

【圖7】民國五年袁世凱「中華帝國、洪憲紀元」飛龍金幣（NGC-MS63）。拍賣公司：日本株式会社オークション・ワールド（AUCTION WORLD CO., LTD.）；拍賣日期：2019 年 7 月 20 日；成交價：660 萬日元。

(資料來源) https://www.numisbids.com/

　　袁大頭版本眾多，不同版本存世量不同，價值就大不同，有時「失之毫釐、差以千里」，這也是中國古錢令人著迷、癡心的地方。袁大頭的版本讓我真正體會，在「緒論 淺談中國古錢幣收藏」中曾提到的專業收藏原則 ──「求真是前提、求品是基礎、求精是境界」，從此更將有限的時間、精力、財力，專注於精品的投資上。

　　對袁大頭深入了解後讓我更明白，每一枚古錢幣都代表著一段歷史，收藏的樂趣，在於深入探索其背後的時代故事，在擁有與欣賞的同時，以古泉為橋樑，與那遙遠的時代的文化、人事、生活，在心靈上巧妙地契合連接。袁大頭不僅是民國時期的通用貨幣，也濃縮了那段蒼桑歲月裏的貨幣經濟、日常生活與喜怒哀樂，我突然覺得彷彿體會到，家父那一代人對袁大頭那種莫名而特殊的感情，這也許正是古錢收藏令許多人神怡的魔力，從此我對中國古錢幣開始產生濃厚興趣。

傳統方式海外淘寶，幾乎已無寶可淘

　　接著數年中，我幾乎拜訪了日本關西京都、大阪、神戶附近所有的錢幣店、假日古玩市場，之後又擴及東京、名古屋、福岡，甚至沖繩那霸，並多次參加「日本貨幣商協同組合」主辦的錢幣展；同時利用出差及旅遊的機會，走訪了亞洲韓國漢城、泰國曼谷、新加坡、馬來西亞吉隆坡、印尼雅加達、越南胡志明市，美國紐約、波士頓，舊金山、芝加哥，歐洲英國倫敦、法國巴黎、比利時布魯塞爾、荷蘭阿姆斯特丹、捷克布拉格，澳洲雪梨等世界大城市，當然也包括台北、香港，澳門、北京、南京、廣州等城市的許多錢幣店、古董店、古董市場，展開了我的錢幣收藏人生，學習海外淘寶之不歸路。

　　多年前我剛進入這個收藏圈子，看了些錢譜，就自以為很屬害，在京都一家錢幣店中，一眼就被擺在櫃臺上的先秦刀幣、圜幣所吸引，剎那間渾然忘我、興奮之情油然而生，二話不說，掏了一筆錢一口氣買了春秋戰國藺刀、圜幣東周、新朝土莽幼泉二十、大夏真興、開元通寶背閩鉛錢、金代皇統元寶等大珍，後來越看越不對，幾天後我將這些古銅錢帶到神戶錢幣店，請福家先生鑑定一下，他看後憤怒地說「全是假的」，之後仔細地為我解說為什麼都是贗品，並指出越來越多的假仿古銅幣流入日本，口裏還喃喃自語「貪心無恥的日本人」；後來我帶著這些「假大珍」回到京都的錢幣店，要求退錢，老闆當然不願意，但他自知理虧，遂接受了我的提議，將全部贗品以原價換成等價的日本龍銀了事。

　　其實收藏打眼乃是常事，也不是什麼可恥之事，重要的是要從打眼裏學習、失誤中成長。瓷器的玩家，常說要從玩破瓷片入手，收藏古泉也是差不多，多從一般古錢幣上手把玩開始，玩久了感覺就會上來，判斷贗品的眼力自會增強。玩收藏「要麼識人、要麼識貨」，當然錢幣收藏也是如此，認識靠譜的行家泉友，互相交流學習，絕對又比單打獨鬥自練眼力有效率。另外，如果同步加強錢幣方面的知識，收藏功力就會與日俱進。

　　錢幣知識及眼力是收藏淘寶基本功，非一蹴可幾，需長時間學習方可養成。二十多年前，淘寶人親自飛到海外，在當地古董市集、錢幣店、及錢幣展，憑藉平日練就「眼力、知識」的一身好功夫，加上累積的財力，多能一展身手、時有斬獲。但最近十幾年來，以這種傳統方式，想淘到寶貝的機會已經是越來越不可遇也不可求，銀元如大清龍洋幾乎已經絕跡，偶爾可見少數袁大頭、孫小頭、船洋的普品，古銅錢也是一樣，有的多是些宋、明、清普品，其原因很簡單，就是因為貨源越來越少。

　　上世紀改革開放後，由中國大陸明目張膽地流入海外之管道，已幾乎消失殆盡，加上近幾年海外持寶人，多將珍藏交給專業錢幣公司，通過線上直接在全球同步拍賣，傳統錢幣業者原本手上有的珍罕品，也早都被遊客或當地玩家搶購一空。我也在這個時代趨勢之下，逐漸放棄了傳統淘寶方式，數年前轉而積極參加全球線上拍賣（eAuction），利用新方式在海外研修淘寶之樂。

　　今天若真有幸在海外錢幣店，或古玩市場巧遇珍稀古泉，也不必高興太早，因為有可能多半都是仿冒假貨；有的是一眼假，有的銀元一稱重量就有問題，有的銀元用磁鐵一吸就可吸起，錢文拙劣不符的更不勝枚舉。

　　由於互聯網科技不斷發展，數位化、智能化的新科技推動下，錢幣商也利用這潮流，紛紛加入建立線上拍賣平台的現代淘寶方式。

　　現代的海外淘寶與傳統的海外淘寶，雖然淘的同是中國珍罕古泉，最好都具備眼力及知識，但其方式截然不同。現代的海外淘寶，最大的好處是「秀才不出門、能淘天下寶」，如果時間充裕，由線上即可知，當日世界其他地方有那些中國古泉在市場求售；而最大的弊端就是這些物件不能上手，事先只能看網上照片，及一些簡單背景資料來判斷真偽。

　　這是新科技下的新玩法，類似網購是一種互相信任的交易方式，也就是基本上，你相信錢幣拍賣公司專家及自己的眼力，同時拍賣公司相信你若得標就會付錢；不同的是珍寶通常只有一件，也許別人眼力好也同時看上，要先互相競爭，出高價者得標；另外，要是買了後不喜歡或認為是假

貨，對不起！大多有時效限制或不能退貨，當然如果以後想再拿到同一平台出手，是沒有問題的。

在之後的章節，我會對現代海外淘寶的基本要件、程序方式、市場分析、成交熱門等，詳細一步步介紹，此處只是想先簡單告訴讀者，傳統的海外淘寶方式已經過時了，由海外專業錢幣公司所舉辦的線上淘寶才是主流。

一枚袁大頭價值百萬？別再傻傻地被騙了！

袁大頭帶我領略到收藏的優點，及享受到收藏的益處與樂趣，同時也讓我明白收藏的暗流與造假之多。道高一尺、魔高一丈，自古只要有人熱中收求，就會有人仿冒圖利，珍罕古錢的造假更是重災區，因為錢幣易上手、易攜帶、易高仿，被騙也最多。

古錢熱、假幣熱，兩者似孿生兄弟

一般認為中國近代有三次古錢幣收藏熱，第一次是發生在清乾隆、嘉慶時期，先後持續了七、八十年。當時在政治高壓、社會安定富裕之下，孕育出「乾嘉學派」，其中金石學研究達到頂盛，學者通過碑石、甲骨、青銅器銘、錢幣等文物上文字，進行了有系統的整理研究，尤其破解了許多先秦錢幣的歷史之謎，並人人帶動了古錢幣收藏之風。例如乾隆時期梁時正的《錢錄》、倪模的《古今錢略》、江德量的《錢譜》、翁樹培的《古泉滙考》等[註18]。嘉慶25年（1820年），初尚齡著《古金所見錄》十六卷，收錄錢圖由先秦至明歷代古錢幣，及外國錢幣、壓勝錢與馬錢，共計1210種，此書並首次介紹了一枚正面地名「南行唐」，背文「十二朱」的三孔布幣手摹本，及斷定刀、布幣為春秋戰國時期貨幣[註19]；又如浙江嘉興人張廷濟，字順安、號叔未、嘉慶三年舉人，精於金石研究，著有

註 18. 呂鳳濤編著：《古錢幣收藏與投資》，華齡出版社，2009 年 1 月，頁 17。

註 19. 楊中美：《黃金貨幣時代的新發現 —— 三孔布新考》，大塊文化，2014 年 9 月，頁 24。

《張廷濟泉拓》、《張叔未所藏金石文字》等書。嘉慶之後，清朝開始面對內憂外患，古錢幣收藏之熱也隨之退潮。

上世紀三、四十年，即民國二、三十年代，以上海、天津為中心，古幣收藏成為一批文人雅士的嗜好，當時泉界流傳著一句順口溜「北方、南張、巴蜀羅」，指的是古泉收藏領軍三雄 —— 北方的方藥雨、南方的張叔馴、及巴蜀的羅伯昭。一時間，收藏越來越火熱，帶動了第二次錢幣收藏浪潮。

民國時期泉界一大特色，就是藏家名流與文學者，因共同興趣而成立的研究學會、學社，並將研究成果發表在錢幣專業的刊物上，包括 1920 年代的「古泉學社」及其期刊《古泉雜誌》、1930 年代的「中國古泉學會」及其期刊《古泉學》、1940 年代的「中國泉幣學社」及其期刊《泉幣》，在這些先賢的努力帶領耕耘之下，古錢幣研究終於從金石學和考據學中脫離出來，成為一專門獨立的學科。民國二十七年（1938 年）由丁福保先生編著的《古錢大辭典》[註20]，更是集當時泉界一流人才完成之巨著，為現代中國古泉研究之基礎寶典。然而，此熱潮亦隨著全面對日抗戰而逐漸消退。

第三次熱潮，出現於上世紀 80 年代，中國大陸改革開放後，錢幣收藏也隨著從原本的「封、資、修」中解放出來，為滿足這股需求，錢幣店攤市場、市集如雨後春筍、到處都有。從此收藏大軍，也隨著經濟起飛年年飆升，在「一切向錢看」的時代，幾乎成為全民運動。這股潮流不管是為投資、為撿漏、還是為興趣，在許多大眾傳媒鑑寶節目的推波助瀾之下，至今似乎仍在延燒中，不只是華人圈，還一路燒到海外，完全沒有退燒之兆，錢幣收藏還包括紙幣、金銀錠、甚至銀行兌換券、地方錢莊票，都揚起風帆、強勁上漲，這種場景只能用「超級火爆」來形容。

因為有利可圖，古錢幣自古都有仿冒假造，收藏熱也促進了造假熱，兩者似孿生兄弟、相應而生，從清代乾嘉、民國到現代，都是作偽盛行、

註 20. 丁福保編：《古錢大辭典》，中華書局，1984 年 12 月。

沒有例外。

造假、拍賣鑒定欺騙，至今仍猖獗橫行

　　尤其隨著大陸改革開放經濟持續增長、收藏隊伍的日益壯大，上世紀 90 年代以後各種假幣製造地下工廠、私人工坊等如雨後春筍般冒出，成百上千個文物店、古玩市場、古董地攤等在中國大陸遍地開花，各式各樣、千奇百怪的仿品，在市場上兜售販賣、大撈黑心錢，作偽花樣不斷翻新、造假技術日新月異，很多甚至流竄到世界各地海外市場。不論是高科技翻鑄，或是色澤做舊、改刻等手法，讓收藏大眾防不勝防、欲哭無淚。假貨仿品不但破壞了中國古錢幣的市場價值，更讓人覺得連古錢幣都敢如此肆無忌憚、猖狂造假，無形中連累中國製造的國際聲譽。

　　大陸除了造假橫行，明目張膽的行為令人髮指，更可惡的是一些打著「xx 拍賣有限公司」或代理「xx 國際拍賣有限公司」的招牌，請了一些所謂的專家在公司網站首頁上一字排開，以鑑寶拍賣設下騙局，利用一般人對古錢幣的無知及一時貪念，花言巧語、請君入甕，來一個坑一個，來兩個坑一雙，先以灌米湯的方式告訴你手中古錢幣價值不菲，但必須先通過專家照片或實物鑑定，有的會騙取專家鑑定費、有的稍為仁慈沒有收，不管收不收費，當然這些御用專家的鑑定結果一律是「大開門、真品」，且每一枚都說是天價，少則數十萬，甚至數百萬、千萬人民幣一枚，然後謊報或用自家及不肖同業，歷年古錢拍賣專場成交記錄等各種市場假訊息，由受過騙人專業訓練的經理，甜言蜜語的告訴你，在他們這種高端且成交率高的公司拍賣，起拍價設在數十萬或上百萬人民幣，讓賣家對富豪生活的美好未來充滿憧憬。

　　當然「天下沒有白吃的午餐」，上拍前必須先繳圖錄費、宣傳行銷費等各類費用，一般每件拍品數千甚至上萬人民幣，如果是在海外或台北、香港拍賣要價更貴，當簽完合同繳完前期費用，基本上行騙進行曲已演奏完畢，他們的態度就會變得被動、冷淡。

數年前一個偶然的機會，被朋友拉去參加了一場，在台北圓山飯店舉行的錢幣專場拍賣會，這個所謂高檔拍賣會，簡直就是一場包裝華麗的騙局，所有參加古錢幣競標的人，一看就知道是充場面的舉牌部隊，不是真正買家或買家代表人；一些由大陸各地來的藏品徵集公司經理，一方面忙著接待已付了前期費的現場藏友，另一方面和不能到現場參觀的藏友視訊、報告現況，熱絡的樣子，就可感覺到又有不少人被坑了。

一大本厚厚的錢幣專場圖錄，就像是詐騙集團留下的最好證據，令人難以置信的是，30 萬人民幣竟是所有的錢幣拍品的最低起拍價，一些非常非常普通的先秦貝幣、橋樑幣、明刀，秦半兩，漢五銖，民國三年袁大頭，孫小頭等竟都以百萬元人民幣為起拍價，其中 30% 左右還以百萬元成交，反到是許多我認為非常不錯的珍罕古泉，起拍價格遠低於這些普品，但全都乏人問津而流標。

後來仔細在雅昌拍賣網站上（https://auction.artron.net/result/），查看這家公司先前拍賣成交記錄，除了很多普品以驚人高價成交外，更發現許多同一特珍級古錢幣，短期內竟多次回鍋，在同一拍賣公司上拍成交，明顯以普品、珍罕品兩者交互搭檔的手法，演出成交雙簧，欺騙作假手法卑劣。所有到現場「觀禮」的持寶人包括我的朋友在內，果然不出所料沒有一人的藏品成交，個個面有菜色如楚囚相對，瞬間富豪夢破碎，本以為天上掉下來的是禮物，其實都是泡影、成了冤大頭。

袁大頭作為銀元之不倒翁，長期流通、存世量極大。同樣品相中，民國八年造袁大頭價值稍高，但也就是一枚數百元人民幣左右，從未使用過品相一流的普品也都在萬元人民幣以內，就算如圖 3～圖 7 所示的加字版、特鑄紀念版金銀幣等珍罕品，在海外都會還沒到達百萬人民幣一枚的層級，如果有人說你手中的普通袁大頭值幾十萬甚至百萬，絕對是騙人的，千萬不要財迷心竅、傻傻上當變成冤大頭。我合理懷疑，真有人出百萬人民幣，來買一些市值只有幾百元的古錢幣，如果真有，這個人不是吃錯藥了，就是在洗錢。

通過對袁大頭深入的了解，現今整個中國大陸甚至台港古錢幣市場至

少存在兩大問題：

　　1. 贗品假貨充斥

　　2. 借拍賣鑑定名義行詐騙之實者到處可見

　　不僅讓古泉收藏界，充滿危機與冤大頭的故事不斷上演，同時也讓許多正派經營的拍賣公司，名譽與經營上遭受池魚之殃，並使中國古錢在國際上聲名狼籍！在這兩大問題不能立即改善的狀況下，海外專業錢幣公司所舉行的定期線上拍賣，有競爭者少、拍賣制度公開透明、價格合理等多項優點，不失為收藏管道的另類選擇。

結語

　　每一枚古錢幣都紀錄了皇朝興衰的歷史，見證了王權更替的常理。袁大頭串起的是晚清到民國那段滄桑歲月，由於家父帶著它到了台灣，而成我為日後學習收藏的緣起。

　　為了走進袁大頭代表的銀元時代，及更瞭解它背後所蘊含的信息，我開始廣泛涉獵及閱讀錢幣相關書籍、資訊，進而對歷史的理解與今世的觀察，漸漸提升了格局與視野，更享受到藏泉之道與樂趣。

　　如彭信威教授所著《中國貨幣史》是「玩錢」必讀經典[註21]，一篇網上書評中這樣寫道：

> 「彭信威不僅將中國的貨幣歷史納入到中國古代的生活、政治常識中，也將中國貨幣發展史，放到全球貨幣變化的大格局中來思考求證。」

　　袁大頭對我最大的啟發之一，就是由貨幣相關書籍、訊息閱讀中，逐漸看懂貨幣制度與政策，對國家經濟運行的巨大影響，學會從貨幣的視角，看中外歷史發展軌跡，進而了解當今世界金融規則、景氣循環等重要財經問題及熱門話題。

　　也正如另一本書《從貨幣看懂世界經濟》中介紹[註22]：

> 「貨幣，是理解世界經濟的新起點！ 在金融風暴之後，『貨幣』已成為一切經濟問題的核心， 因為市場已經失靈，必須改用貨幣角度，才能真正解讀世界經濟！」

　　藏泉不僅是緒論中所提，可當作長期投資的「生財工具」，亦可當作長期投資的「益智工具」。「青蚨還錢」方式的古泉長期投資是期生財，

註 21. 彭信威：《中國貨幣史》，中國人民大學出版社，2020 年 2 月。

註 22. 小林正宏，中林伸一：《從貨幣看懂世界經濟》，梁世英譯，如果出版事業股份有限公司，2011 年 9 月 29 日。

學習錢幣相關知識的長期投資是求益智；前者生財投資有風險，尤其在中國古錢幣贗品充斥，古泉真偽、未來市場價值，無法百分之百確定之下；而後者的學習是零風險的自我益智投資，只會讓自己更睿智地理解世界經濟展望，甚至更理智地看清市場金融商品投資。

02.
解析與優惠

第二章 海外淘寶 - 解析與優惠

中國古錢幣有如過江之鯽，但其中僅有極少數品種稱得上「寶」。要在海外淘寶，先得搞清楚要淘的是什麼寶？這些寶是如何流落海外？海外真的寶多多嗎？本章前段以多方參考資料、文獻、圖片，為讀者詳細分析解釋這些疑惑。由於種種原因，許多珍罕古錢幣如今輾轉流落他鄉，本章後段根據個人經驗，主要在說明，海外拍賣市場具備誠信、價廉、可能撿漏等優點，而淘寶的同時，又可對流落他鄉中華文物的回歸作出貢獻，一舉兩得。

怎樣才稱得上古泉珍寶？

隨著收集中國古錢幣的大軍不斷壯大，海外旅遊及移民的逐年增長，一股海外中國古錢幣收藏熱亦隨之掀起，從許多歐、美、加、日、澳錢幣公司紛紛加入中國錢幣拍賣，及近代中國銀元在各國錢幣店被搜刮一空的現象，即可看出端倪。

中國歷史悠久，由先秦貨幣至近代機製幣，歷朝歷代流通貨幣不同形制、大小、材質、版本多而複雜，統計至少有上萬種，但並不是古幣就是珍幣、就是寶，一般古錢幣由五要素來決定價值：存世量、品相、材質、歷史地位、市場價值。

本書中所言海外淘寶的「寶」，特別指的是一些中國珍罕古錢幣：1）列於高英民教授編撰之《中國古代錢幣》一書[註1]，附錄一「中國古錢幣市場價目表」中，四級以上，2）列於華夏古泉網評級綱目評級標準[註2]，評級在四等以上，3）被海外拍賣公司評為「Rare（稀有）」的

註 1. 高英民：《中國古代錢幣》，學苑出版社，2007 年 10 月 1 日。

註 2. 華夏評級：《華夏評級綱目評級標準》，https://huaxiapj.com。

紙幣，4）有其歷史根據，且被認真討論過的出譜珍罕品。

　　高英明教授在《中國古代錢幣》一書中，將古錢幣依存世量分成十個級別：

一級「特珍」- 10 枚以內

二級「大珍」- 20 枚

三級「極罕」- 50 枚

四級「罕見」- 100 枚

五級「甚稀」- 200 枚

六級「稀見」- 300 枚

七級「甚少」- 500 枚

八級「少見」- 1000 枚

九級「較多」- 2000 枚

十級「多見」- 5000 枚

十級以下則是為數眾多之「普品」。

　　華夏評級綱目亦依錢幣存世量、綱目地位及市場歡迎程度，將古泉分為十等，每等又分兩級，較高級的後面加「上」以區別，所以最頂級的特珍幣為「一上」，以此類推，華夏古泉網的查詢系統相對非常方便，只要是錢譜上有的錢幣，基本找得到等級。因本書中所談的寶都是「特珍、大珍、極罕、罕見」四等級以上的古泉，故取「珍罕」二字用於書名。

　　《中國古代錢幣》與華夏評級綱目，基本上均以存世量為判斷珍罕級別的第一要素，但存世量是個變數，因近二十年古錢幣大量出土，例如昔日古泉五十名珍（指的是 50 枚極為罕見珍貴的中國古錢幣，歷來倍受泉界收藏者推崇的至上珍品），有些如今都已經遜位了，所以本書所謂的「寶」，多年後也有被降級的可能，於此特別聲明提醒。

　　此外，除了存世量品相也至關重要，破了相的寶，泉史上除了「缺角大齊」、「四眼大齊」、「缺角永樂三錢」，因均是近乎孤品，且背後有文人附會的傳奇故事，被世人依戀追捧外，其他品相差的珍罕錢幣，就算

存世量極少，因品相差就會被打入劣品的冷宮，很難再幸運地被認可為珍品，但本書仍將二級大珍以上，字跡還可辨識的古錢幣，列入海外淘寶的行列，雖是品相稍差的珍罕幣，此刻仍是人間極品。

紙幣的存世量評級比較困難，有些拍賣公司根據其經驗，在拍品簡介時，會對存世量提出概略的評語，本書將評為「Rare（稀有）」以上的紙鈔，列為淘寶對象。出譜錢基本上存世量很少，在古泉史的長河中流失，未被正式記載於泉譜中，近年來它們橫空出世，在網上博客的熱情考證下，為泉界帶來新氣息，當然這些被遺漏的出譜錢，有待更多專業研究、查證；其日後極有可能被泉界重新認可，故本書亦將這些出譜古錢確認在海外淘寶的範圍之內。

藏泉如不看其未來市場價值，只高談精神上的意義，就有點不切實際；「收藏投資、投資收藏」，將有價值的收藏當作投資，天經地義之事。

越是珍罕的古錢幣，通常「含金量」越高，想收藏的人越多，未來升值潛力也極可能越高；「世界無雙」從物質的角度而言，是所有收藏者追求的最高境界，雖然會有點「銅臭味」的俗氣，但想擁有極品寶貝確實是人性，是許多人樂此不疲的主因。如果本書以上所定義的珍罕古泉不在您的收藏範圍之內，而您喜好的是一般常見的古錢幣，就奉勸您不必大費周章地在海外淘寶。

不要懷疑，海外絕對是寶多多

這股古泉收藏熱風既已從華人圈吹到海外，那首先要問的是「海外淘寶」，真的有很多寶可淘嗎？這個答案應該是肯定的，當讀者讀完本書，看到 180 多張海外拍賣的珍罕古泉圖片，就會更了解答案是鐵定的。綜觀海外拍賣會中國古錢幣的近期成交記錄，從先秦齊國六字刀、新朝王莽六泉十布、五代十國大珍、宋靖康通寶、清代寶泉局咸豐元寶當千雕母，到現代機製幣宣統三年大清銀幣長鬚龍壹圓、民國袁世凱飛龍金幣等，珍奇

罕見品幾乎應有盡有，不時在海外市場現身，更遑論 e 世代線上拍賣盛行之前，常年來許多在古董市集、錢幣店、錢幣展私下購買的珍品，很多仍留在當地，海外有很多寶貴的中國古錢幣應是無庸置疑的。

　　海外既然有寶，但寶不會從天上掉下來，那這些寶是怎樣飄洋過海來，流落到海外的呢？ 這個答案就比較複雜，據我的實訪及從文獻資料上了解，除了一些中國周邊國家，如韓國、日本、越南，曾有很長一段時間直接使用中國錢，及百年來由於種種原因，大量中國古錢幣流落海外，目前海外市場很多珍罕古錢幣是：1）早期對中國古文物包括錢幣有研究的國外專業收藏者，子孫拿出來脫手；2）是中國早期的收藏者，本身或其子女移居海外，多年以後釋出求現；3）早年曾經在中國旅遊、經商或軍隊駐派的外籍人士，因興趣、好玩或因緣際會，順便收集了一些古錢幣，子孫多不知其歷史與價值，也不知如何處理，現在才拿出來賣。這些流落海外的古錢幣，大多是經過挑選或有人收藏，總體而言品相都不差。

中國銅錢在日本就通用了一千多年

　　世界諸國中，自古對中國文物包括古錢幣，積極收藏並做了深入研究的國家，無疑是與中國一衣帶水之鄰的日本。就以中國古泉中第一珍幣「三孔布」為例，據《中國歷代貨幣大系——先秦貨幣（上卷）》中記載，僅東京日本銀行就收藏了大小十六種共十八枚[註3]。在楊中美先生所著《黃金貨幣時代的新發現——三孔布新考》中也提到，重金之下三孔布大多流落日本，日本整個泉界共計收藏有三十枚之多，現在仍在中國大陸的反而是鳳毛麟角[註4]。中國古錢幣中名列第一的三孔布尚且是如此景象，更遑論其他名譽大珍。

　　日本和銅元年（708 年），仿唐朝「開元通寶」，初鑄最早流通貨幣「和

註 3. 馬飛海總主編：《中國歷代貨幣大系 —— 先秦貨幣（上卷）》，上海人民出版出版社，1988 年 10 月 25 日，頁 582-587。

註 4. 楊中美：《黃金貨幣時代的新發現 —— 三孔布新考》，大塊文化，2014 年 9 月，頁 42。

同開珎」銀、銅錢，至天德二年（958 年）鑄造了最後一批銅錢「乾元大
寶」；此間前後發行之「皇朝十二錢」，因所鑄錢幣質量粗糙、大小不一，
且成本高等諸多原因，基本上日本從公元 958 年後，就停止統一自鑄金屬
貨幣，轉而用質量優、信譽好的「渡來錢」（當初返回日本的遣隋使、遣
唐使，隨之帶來的中國銅錢，日人以「渡來錢」稱之）。

　　從平安時代（794 年 - 1185 年）晚期、鎌倉時代（1185 年 - 1333 年）、
室町時代 (1336 年 - 1573 年)、安土桃山時代（1573 年 - 1603 年），直
到寬永三年（1626 年）日本史上鑄量之最的寬永通寶問世，之後於寬文
10 年（1670 年）宣布禁止使用渡來錢，七百多年間日本主要是用海外輸
入的中國錢，含括唐、北宋、南宋、明朝銅錢，為其市場主要流通貨幣、
維持經濟活動[註 5]。

　　這漫長的七百多年間，由中國開往日本的商船都會為渡來錢預留充裕
艙位，因為除了瓷器、絲綢等時尚精品外，中國銅錢更是當時出口日本最
「牛」的緊俏商品。1976 年，一艘宋元時期的古沈船，在古代中日貿易
必經之路，朝鮮半島南端的全羅南道新安郡附近海域被發現，船內除了價
值連城的瓷器外，還載有多達八百萬枚的大量中國歷代銅錢，這艘古沈船
的世上重現，為日本曾高度倚賴渡來錢的那段歷史，留下最好的證明。

　　明成祖朱棣鑄的永樂通寶，一直是日本戰國時代（1467 年 - 1615 年）
的主要流通貨幣，其後的江戶時代（1603 年 - 1868 年）初期開始雖禁止
渡來錢，但以永樂通寶為代表的中國銅幣，在民間仍是禁而不絕，直到
十九世紀 60 年代末，日本明治維新全面推行幣制改革，中國銅錢才完全
退出日本的流通貨幣行列。事實上，中國銅錢早自奈良時代（710 年 - 794
年）以來，就已經在日本廣為流通，直到明治維新徹底下架，近一千多年
有多少古泉東渡日本？其中又有多少珍罕品保存下來？留給後人無限想像
的空間。

註 5.　《日本貨幣カタログ（THE CATALOG OF JAPANESE COINS AND BANK NOTES）
　　　2020 年版》，日本貨幣商協同組合，凸版印刷株式会社，頁 160-170。

百年來，珍罕古泉輾轉流落海外

十九世紀末明治維新以來日本國力大增，尤其甲午戰爭之後，日本商人狹雄厚財力在中國盡情淘寶，例如他們長期深耕各大城市當舖業，許多中國古文物包括珍罕古泉，在典當者無力贖回的情況下一件件運出境、來到東瀛。又如日本名記者德富蘇峰所著《中國漫遊記》中，提到民國初年許多日本商人專到山東一帶，大肆搜刮、巧取豪奪賤買中國古銅錢，然後運回日本當現成的煉銅原料[註6]；這一船船東渡扶桑的古錢幣抵達日本港口後，其實立刻就有錢幣行業人員，專業地挑選出有價值的珍品，然後再將剩餘的大量普品送到冶煉廠。

說起來還真寒心，不僅中國古錢幣大量流入日本，研究中國古泉的日本專家學者也隨之人材輩出，如 1916 年著有《符合泉志》的一豐舍三孔章[註7]，1938 年著有《東亞錢志》的奧平昌洪[註8]，昭和大泉家平尾贊平，及幾代大收藏家及學者如村田元成、馬島杏雨、大川鐵雄、加藤繁、小川浩、山田勝芳、江村治樹等，日本人由收藏中創造出中國銅錢版式系統，及開啓了中國金銀貨幣的研究風潮。

日本昭和時代首屈一指的古泉大家平尾贊平先生，由其號「聚泉」即不難想像其收藏之豐，中國嘉德拍賣就曾以他個人珍藏，作過專場拍賣會。過去十多年至少有百餘件精品，以其邸宅「平尾麗憙莊」舊藏的名義，交由日本株式会社オークション・ワールド（AUCTION WORLD CO., LTD.）公司拍賣，例如：

● 清光緒二十三年（1897 年）由南京江南造幣廠或上海江南造幣局試鑄，正面「天子萬年」，背「江南試造當十制錢」[圖1]。

註 6. 德富蘇峰：《中國漫遊記》，張穎、徐明旭譯，江蘇文藝出版社，2014 年 1 月。

註 7. 一豐舍三孔章：《符合泉志 . 初編》，虎僊樓商店，大正五年。

註 8. 奧平昌洪：《東亞錢志》，岩波書店，昭和 13 年。

【圖1】清光緒二十三年由南京江南造幣廠或上海江南造幣局試鑄，正面「天子萬年」，背「江南試造當十制錢」(VG~F)。拍賣公司：日本株式会社オークション・ワールドルド (AUCTION WORLD CO., LTD.)；拍賣日期：2009 年 12 月 13 日；成交價：280 萬日元。

資料來源 https://www.auction-world.co/

● 元世祖忽必烈「至元通寶」巴思八文折三^[圖2]。

【圖2】元世祖忽必烈「至元通寶」巴思八文折三（F，直徑 32.0mm，重 13.0g）。拍賣公司：日本株式会社オークション・ワールドルド (AUCTION WORLD CO., LTD.)；拍賣日期：2010 年 12 月 12 日；成交價：42 萬日元。

資料來源 https://www.auction-world.co/

● 清「光緒通寶」寶源局造大型宮錢^[圖3]。

【圖3】清「光緒通寶」寶源局造大型宮錢（VF，直徑 62mm、重 236.6g、厚 10.5mm）。拍賣公司：日本株式会社オークション・ワールドルド (AUCTION WORLD CO., LTD.)；拍賣日期：2020 年 7 月 18 日；成交價：460 萬日元。

資料來源 https://www.auctionworld.co/

　　另外，改革開放後因中國大陸《文物保護法》尚未落實，上世紀九十年代初起，大量的青銅幣流入日本，此事在江村治樹所著《春秋戰國青銅幣的形成與發展》一書中有概略描述，當時許多日本商人團體，會定期在百貨公司辦理中國古錢幣展銷會。另一本日文書《東洋古錢圖錄》中亦提到，平成元年（1989 年）期間，由香港運來大量中國古銅錢^[註9]。這樣的場景其實也僅是說對了一半，事實上不只日本，許多中國珍罕古錢，也同時大量流入香港、台灣，澳門，其次是新加坡、馬來西亞等地，然後又

註9. 尾富房編：《東洋古錢圖錄》，穴泉堂，平成元年九月十五日，頁2。

輾轉到了歐洲、美國、加拿大、澳洲。這種上世紀末古錢幣海外遷徙之說法，在與香港、台灣及日本錢幣店商及藏家的談話中，都不約而同地得到相同的答案。

以下是一些珍罕古錢幣包括銀餅、紙鈔、金版、銀元等近期在歐洲、美國及澳洲拍賣成交的實例：

● 先秦貨幣楚金版「少貞」[圖4]，由美國 Stack's Bowers & Ponterio 公司拍賣。

【圖4】 先秦貨幣楚金版「少貞」（EF，重10.36g）。拍賣公司：美國 Stack's Bowers & Ponterio；拍賣日期：2020 年 5 月 4 日；成交價：6000 美元。

資料來源 https://www.auctionworld.co/

● 先秦貨幣平肩弧足空首布「南」[圖5]，由德國 Teutoburger Münzauktion GmbH 公司拍賣。

● 魏晉隋唐高昌國「高昌吉利」[圖6]，美國 Stephen Album Rare Coins 公司拍賣。

【圖5】 先秦貨幣平肩弧足空首布「南」（重42g）。拍賣公司：德國德國 Teutoburger Münzauktion GmbH；拍賣日期：2019 年 12 月 6 日；成交價：500 歐元。

資料來源 https://www.numisbids.com/

【圖6】 魏晉隋唐高昌國「高昌吉利」（F）。拍賣公司：美國 Stephen Album Rare Coins ；拍賣日期：2020 年 6 月 12 日；成交價：9000 美元。

資料來源 https://www.numisbids.com/

● 明太祖「洪武大明寶鈔」壹貫^{［圖}
  ^{7］}，由英國 Spink & Son Ltd 公
  司拍賣。

● 明熹宗「天啓通寶」背「十、
  一兩、密」^{［圖 8］}，由美國
  Classical Numismatic Group, LLC
  公司拍賣。

【圖 8】明熹宗「天啓通寶」背「十、
一兩、密」（VF，直徑 46mm，重
29.48g）。拍賣公司：美國 Classical
Numismatic Group, LLC；拍賣日期：
2020 年 10 月 7 日；成交價：300 美元。

（資料來源）https://www.numisbids.com/

● 清道光年鑄台灣「老公銀餅」^{［圖}
  ^{9］}，由德國 Fritz Rudolf Künker
  GmbH & Co. KG 公司拍賣。

● 民國十三年段祺瑞像「中華民
  國執政紀念幣」背「和平」
  ^{［圖 10］}，由澳大利亞 Noble
  Numismatics Pty Ltd 公司拍賣

之後在「第四章 海外淘寶 - 熱門
與市場」中會更有系統、深入地介紹
海外拍賣成交熱門珍罕品種。總之，
本書所指四等級以上的「寶」，包括

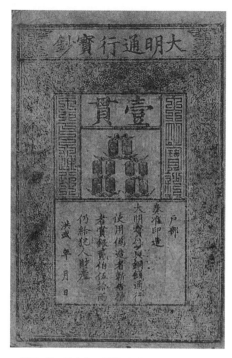

【圖 7】明太祖「洪武大明寶鈔」壹貫
（PMG Choice extremely fine 45）。拍
賣公司：英國
Spink & Son Ltd；拍賣日期：於 2020
年 4 月 7 日；成交價：3500 英鎊。

（資料來源）https://www.numisbids.com/

【圖 9】清道光年鑄台灣「老公銀餅」
(NGC-AU Details)。拍賣公司：德國 Fritz
Rudolf Künker GmbH & Co. KG；拍賞
日期：2020 年 1 月 30 日；成交價：
19000 歐元。

（資料來源）https://www.numisbids.com/

【圖10】民國十三年段祺瑞像「中華民國執政紀念幣」(UNC)。拍賣公司：澳大利亞 Noble Numismatics Pty Ltd；拍賣日期：2020 年 4 月 21 日；成交價：1 萬澳元。

(資料來源) https://www.numisbids.com/

近代機製幣和紙幣，均以蠻高的頻率，不時地在海外拍賣市場現身。

海外是淘寶樂園，因為有多重優惠

本章前半為讀者解析，自古以來為何有很多珍罕古泉流落他鄉？海外的確有很多寶，但接著要問的是中港台華人圈內更多啊！而且還有不時出土的古錢，為什麼要在海外淘呢？難道相對於華人圈，海外淘寶有更多的優點？

之前提到上世紀九十年代初起，大量古文物包括古錢幣流入海外市場的另一主因，就是一切在大陸的出土文物包括古錢均屬於國有，挖到後必須主動上繳，當然有部分值得表揚的人，無私地上繳或捐贈給文博單位，但很多在利誘的驅動下選擇走私出境管道。誠然這種現象多年來已經改善，至少沒再聽過一批批古錢，從中國大陸私運到日本、港澳、台灣之事，但出土文物依法應完全屬於國家，所以理論上出土的珍罕古錢應多進了大陸文博單位，就算部分流入民間收藏，從法律而言這些行為都是非法的，然而由海外收藏的古泉就不在此範圍之內。海外淘寶除了寶多多、寶合法，又有誠信、價廉、可能撿漏、文物歸根等多重優點與實惠。

誠信，是海外淘寶的主因

前章提到，由袁大頭的深入研究中我了解到，假造仿品充斥，被騙購買贗品的事天天都在上演，更有許多打著收藏公司名義，以鑑寶、拍賣的方式，利用人們貪財無知之心，將一枚普通古錢幣，說成價值不菲的珍寶，

借收鑑定費、圖錄費等名目，傷天害理、坑殺藏友之事更是層出不窮。當
然有許多守法正規經營的錢幣店、錢幣拍買公司，泉友理應大力支持，但
因實在是市場上騙子太多，華人圈古錢幣收藏市場有時真令人生畏怯步，
相對地線上海外淘寶不失為另一選擇。

　　海外的錢幣公司大多營運多年、以誠信立業，而且當地市場成熟、法
律規範嚴謹，本身不存在明目張膽的古錢幣造假產業鏈，絕沒有普通袁大
頭起拍價要數十萬，甚至百萬人民幣的詐騙集團，或以拍賣之名從事洗錢
的勾當。他們拍賣前大多由公司內或特聘專家，先嚴格把關送拍品，對中
國古銅錢也許偶爾有專業上的疏漏，依我多年競買經驗，至少從未有拍賣
假金幣、銀元、金銀錠、紙幣的缺德毀譽之事發生。

　　如果拍賣的是海外權威機構鑑定過的裝盒評級幣，那可信度就更是
100%，如今海外拍賣裝盒評級機製幣、紙幣，尤其是歐美拍賣公司，漸
已成不可逆的趨勢。

　　有可能是古銅錢歷朝歷代仿品眾多，有些老的仿品至今也已經成為古
物，本就很難以眼力斷定分辨，日本拍賣公司會用「參考品」主動標示拍
品是贗品，如果是有爭議無法斷定的，也會寫的很清楚是「審議品」、
「鑄造年代不詳」、或「真贗不明」告訴競買者要多加注意；歐美、澳洲
的拍賣公司也都會以英文「fantasy」或「imitation」說明拍品是仿品，或
以「Authenticity Unverifiable」來表示不知真假。如果在結標後數星期或
一個月內提出真品存疑，幾乎每一個海外拍賣公司都會接受申訴，如屬實
會保證退貨，這些都不失為海外拍賣公司誠信的具體表現。

　　每一家錢幣拍賣公司，幾乎沒有例外，都會將過去拍賣成交，或沒成
交的拍品全部結果放在網站上、以示誠信，對收藏的買家而言，這家拍賣
公司有沒騙人、玩假，從過去拍品圖片、成交價，即可一目瞭然，有的拍
賣公司甚至會將出價人次、時間，也詳細列出分享。依我多年和這些公司
打交道的經驗，他們都很愛惜羽毛，生怕看走眼，讓贗品從其拍賣會釋出。
此外，過去拍品的起拍價、成交價，也透露了許多商業訊息，基本上綜合

幾年的成交資料，通常就可分析出市場趨勢及市場拍賣價格，這些都是海外淘寶不可或缺的重要資訊。

價廉，是海外淘寶的動力

　　海外有寶，拍賣公司多是誠實信用，相對於華人圈，特別是中國大陸，海外珍罕錢幣合理又不貴的價格，就自然成就了淘寶的最佳動力。

　　日本基本上將中國古銅錢分為三類：1）唐開元通寶以前的錢稱為「古文錢」，2）唐開元通寶至明宣德通寶的錢稱為「渡來錢」，3）明弘治通寶至民國通寶的錢稱為「輸入錢」[註5]。一般中國古銅錢的市場參考價格，均詳列於日本貨幣商協同組合，每年刊印的《日本貨幣カタログ（THE CATALOG OF JAPANESE COINS AND BANK NOTES ）》一書中，泉友幾乎都是人手一本，價格透明而直接、一目瞭然。例如：

● 先秦貨幣「共」字圜錢，價格 6~11 萬日元
● 三國吳「大泉二千」，價格 5 萬～ 8 萬日元
● 北宋「重和通寶」真書、篆書小平，價格 8 萬～ 13 萬日元
● 南宋「紹興元寶」真書、篆書小平，價格 2 萬 5 千～ 6 萬 5 千日元

　　這些珍罕錢的市場價格當然會依品相而異，但甚本上成交價多在 10 萬日元以內（約 6 千人民幣），相較於大陸約在 1 萬～ 2 萬人民幣的市場價格，廉價一些。

　　海外中國古錢幣拍賣的種類一般有：古銅錢、金銀錠、近代機製幣、紙幣。日本的錢幣拍賣公司，基本上對所有種類的中國古錢幣，專業知識最高、把關甚嚴，市場價格如以上所列古銅錢的例子，較中國大陸相對便宜點。

　　歐洲、美國、英國、澳洲專業知識相對薄弱，總體對近代機製幣、金銀錠、紙幣把關不錯，珍罕品的市場價格，相對中國大陸，除了美國、英

註5.　《日本貨幣カタログ（THE CATALOG OF JAPANESE COINS AND BANK NOTES ） 2020 年版》，日本貨幣商協同組合，凸版印刷株式会社，頁 160-170。

國差不多外，歐洲的市場價格與日本不相上下，澳洲則相對略低。珍罕古銅錢市場價格通常比日本低，也就比大陸市場價更低，但買到高仿品的機率相對也可能高一點。海外市場成交價分析，將在「第三章海外淘寶 - 準備與競買」中更詳細說明。

　　以下幾枚在海外拍賣的特珍級（一級）古銅錢，以較為親民的價格成交，可作為海外珍罕古銅錢市場價格，相對價廉的說明：

● 先秦貨幣「晉半」刀幣[圖11]，由德國 Teutoburger Münzauktion GmbH 公司拍賣。

【圖11】先秦貨幣趙「晉半」直刀。拍賣公司：德國 Teutoburger Münzauktion GmbH ；拍賣日期：2019 年 12 月 6 日；成交價：2000 歐元。
資料來源 https://www.numisbids.com/

● 唐「開元通寶」折十大錢[圖12]，由日本株式会社オークション・ワールド（AUCTION WORLD CO., LTD.）公司拍賣。

【圖12】唐「開元通寶」折十大錢（直徑 40mm）。拍賣公司：日本株式会社オークション・ワールドルド (AUCTION WORLD CO., LTD.) ；拍賣日期：2020 年 9 月 20 日；成交價：42.1 萬日元。
資料來源 https://www.auction-world.co/

● 清「咸豐重寶」寶泉局當四十[圖13]，由日本泰星オークション（TAISEI COIN CO., LTD.）公司拍賣。

【圖13】清清「咸豐重寶」寶泉局當四十（VF，直徑 44mm，重 43.68g）。拍賣公司：日本泰星オークション (TAISEI COIN CO., LTD.) ；拍賣日期：2020 年 5 月 3 日；成交價：24 萬日元。
資料來源 https://www.numisbids.com/

● 清「咸豐重寶」寶福局一百計重五兩[圖 14]，由由澳大利亞 Noble Numismatics Pty Ltd 公司拍賣。

【圖 14】清「咸豐重寶」寶福局一百計重五兩（F，直徑 66mm，重 240g）。拍賣公司：澳大利亞 Noble Numismatics Pty Ltd；拍賣日期：2020 年 7 月 28 日；成交價：1 千澳元。
資料來源 https://www.numisbids.com/

也許是收藏中國古銅錢的海外藏家不多，或是缺乏權威認證，較便宜的市場價格，讓海外淘寶更充滿動力。

撿漏，是海外淘寶的誘因

「海外有寶，有緣有心者得之」，因為珍罕古泉現身頻率蠻高，所以淘到寶的機會相對多。然淘寶與撿漏大不同，「撿漏」指的是，能以眼力、知識在海外以異常低價淘到珍罕錢幣；撿漏要在以下三種情況均成立之下，才會發生：1）海外拍賣公司不識貨，不知道真正價值，以為是普品起拍價訂的非常低，2）運氣好，憑眼力、知識剛好看到，3）海外識貨的藏家少，最終以超低價成交。要撿漏成功非常不易，基本上比淘寶，需要更強的專業與更多的運氣。

海外拍賣公司畢竟拍的是中國古泉，能正確寫出拍品的年代，及正背面文字的拼音已經是很不錯了；能真正深入了解古錢幣，識貨而定出合理起拍價、有專業研究的商家，在海外絕對是稀有。相對於華人圈，海外能懂中文之內行人少之有少，珍罕古銅錢在歐洲、美加及澳洲，在起拍價偏低、識貨藏家少的情況下，相對「撿漏」的機會較高；在日本古銅錢撿漏的可能性不是沒有，但要花更多時間搜尋、更努力深入鑽研，才有可能。在海外不論任何地方，想要在近代機製幣、紙幣、金銀錠上撿到漏，就是個比較奢侈的願望，已到幾乎不可能的地步，因為不存上面提的撿陋三情況。

　　無論如何，自己先要練就一身硬功夫，乃撿漏的先決條件，要不然就算低價的特珍級寶泉擺在眼前，也不知可撿。中國古錢幣浩瀚如海，即使你能讀中文、了解中國歷史，但要達到對珍罕古銅幣如數家珍、弄清眾多版本，就必需要持久的鑽研與長期的學習，絕非一朝一夕就能畢其功；古錢幣單單就錢幣形制、錢文就極其複雜深奧。海外淘寶撿漏的第一步，就是要先從了解這些古銅錢之複雜性開始，因為撿漏這美事，往往就出現在你比別人多一點運氣、比別人更專業。

　　古銅錢的複雜，可以從唐高祖武德四年（621 年）開鑄「開元通寶」為實例說起，同時也順便解釋為什麼外國人難以深入了解、通盤掌握。開元通寶沿用與秦半兩、漢五銖一樣的方孔圓錢器形，但為了整治紊亂的幣制，嚴格規定每枚徑八分（約 2.4 公分）、重二銖四絫 即一錢，每一文重一錢，每十文重一兩，一千文則重六斤四兩。開元通寶並非一般人認為的唐玄宗年號錢，「開元」乃開闢新紀元、「通寶」乃流通寶貨之意。開元通寶的鑄造，在中國泉史上至少有三個劃時代的意義：

- 一文平錢又稱小平錢，一枚開元通寶即一枚「小平」，建立了銅錢最小、最普通的標準形制，
- 以往以「銖兩」重量為錢名之體系，正式退出歷史舞台，「錢」取代「銖」從此成為「兩」以下的衡量單位，一兩等於十錢，十錢即十枚開元通寶的重量。
- 開啟「寶」文錢的新時代，錢銘此後幾乎均帶有寶字如「通寶」、「泉寶」、「元寶」、「重寶」等。

　　開元通寶基本上為唐代以後歷朝銅錢鑄造的標準，包括錢幣形制、錢文模式、十進位重量衡法錢，沿襲近 1300 年，歷史意義重大[註 10]。中國周邊國家如日本、韓國、越南的錢制，也都深受開元通寶影響。

　　從唐代、五代十國，到宋代，隨老百姓對較大面值銅錢的需要，流通

註 10. 戴志強編著：《錢幣鑒定》，吉林出版集團有限責任公司，2010 年 6 月，頁 83-88。

貨幣面值也日趨多樣，從最小的小平錢，逐漸亦鑄造行用大錢折十，及後來的折二、折三、折五。所謂折二即二文，也就是每枚當兩個小平錢使用，一般直徑約 2.8 厘米左右；折三即三文，也就是每枚當三個小平錢使用，一般直徑約 3.1 厘米左右；折五即五文，也就是每枚當五個小平錢使用，一般直徑約 3.8 厘米左右；折十即十文，也就是每枚當十個小平錢使用，一般直徑約 4.4 厘米左右。一般折五、折十以上的錢統稱為大錢，也有人認為其直徑分別是 3.5 厘米及 4.0 厘米左右，說法不一。

隨著直徑大小增加，當然重量也依次遞增，只是古代銅錢鑄造本身不是那麼精準嚴謹，基本上多不標注面值，加上歷朝歷代又多減重鑄錢的投機行為，不僅讓千百年後的我們，對無法精確分辨錢幣面值很無奈，對當時的一般老百姓而言，這樣的混亂場面更應是欲哭無淚、苦不堪言。

唐代及五代十國折十大錢，多為博物館級大珍，例如後五代梁太祖朱溫鑄「開平元寶」（907 年 - 910 年）、十國楚王馬殷鑄「天策府寶」（911 年）、十國燕王劉守光鑄「應天元寶」（911 年）、十國閩王王延羲鑄「永隆通寶」（939 年）等，罕見而價值不菲。北宋多小平錢，相對南宋多折二錢；北宋、南宋、元代到明朝，都有折三、折五錢，但品種及數量相對稀少；由於重量及大小不定，小平和折二、折二和折三、折三和折五、折五和折十，在錢文相同的情況下、很難一眼區別分辨。

北宋開始，錢文中真、篆、隸、行、草五體具備，鑄幣數量及複雜度達到顛峰，兩宋歷十八位皇帝就鑄行 43 種年號錢[註 10]；許多銅錢在同一年號下通寶、重寶或元寶並存，重量大小又相似，但一字之差市場價值相差天遠，例如北宋仁宗趙禎鑄「至和元寶、至和通寶」（1054 年 - 1056 年）只是普品，但同時鑄的「至和重寶」小平、折二銅錢均屬稀罕；北宋哲宗趙煦鑄「元符通寶」（1098 年 - 1100 年），存世量大有篆、真、行、隸四種書體，其中隸書小平乃稀罕大珍；又如宋徽宗趙佶鑄「聖宋元寶」

註 10. 戴志強編著：《錢幣鑒定》，吉林出版集團有限責任公司，2010 年 6 月，頁 83-88。

（1101 年）量大且版本多，但「聖宋通寶」小平錢卻是罕見特珍。

　　此外，有些不同朝代的銅錢卻有完全相同的錢文，例如唐肅宗李亨鑄「乾元重寶」（758 年）與十國楚王馬殷鑄「乾元重寶」（907 - 930 年），西夏崇宗李乾順鑄「大德通寶」（1135 年 - 1139 年）與元成宗鐵穆耳鑄「大德通寶」（1297 年 - 1307 年），元末起義軍徐壽輝鑄「天啓通寶」（1358 年 - 1359 年）與明熹宗朱由校鑄「天啓通寶」（1621 年 - 1627 年），即使是專業人士都不見得能一眼能分辨，更遑論海外錢幣拍賣公司的工作人員，他們不識貨的機率是蠻大的。

　　南宋到明代一些錢幣在背面標注面值、鑄地，同一錢文、同一面值，但因不同鑄造地，存世量、市場價值可能大不同；例如南宋寧宗趙擴鑄「慶元通寶」折三背「永」（1195 年 - 1200 年）、明太祖朱元璋鑄「大中通寶」折三背「三福」（1361 年）、明太祖朱元璋鑄「洪武通寶」背「二廣」（1368 年 - 1398 年）、明思宗朱由檢鑄「崇禎通寶」背「二戶」（1628 年 - 1644 年），這些都是大珍，一不注意很容易看走眼，以為只是一般普品。

　　清代銅錢背面更以滿文、漢文、或滿漢文標注鑄錢局，民間將康熙時相對普及的二十鑄錢局名字，串成了一首順口背文詩，方便記憶：

　　「同福臨東江，宣原蘇薊昌。南河寧廣浙，臺桂陝雲漳。」

　　所以同一錢文、同一面值，但因由不同錢局鑄造，存世量可能大不同，市場價值也相去甚遠；例如清聖祖玄燁鑄「康熙通寶」背滿漢文「鞏」（1661 年 - 1722 年）、清世宗胤禛鑄「雍正通寶」折二背滿文「寶黔」（1723 年 - 1735 年）、清仁宗顒琰鑄「嘉慶通寶」背滿漢文「桂」（1796 年 - 1820 年），均為極罕見品，撿到就賺很大。

　　中國周邊國家，如韓國、日本、越南，除了有很長一段時間直接使用中國錢外，亦曾仿造、改造或私鑄中國錢，例如豐臣秀吉用於犒賞軍功，

仿宋錢、明錢所鑄的銀質紹聖元寶、永樂通寶[註5]，現在均已是日本錢幣名珍，如不注意材質，從錢文上很容易看走眼。

　　海外錢幣拍賣，也許是賣家嫌麻煩，常常出現數枚、十幾枚、數十或數百枚，放在一組一起拍賣，這些多到無法一眼看完的拍品，其實就是買家眼力、知識的最佳練習場地，有時撿陋的驚喜，就隱藏在這些讓人容易忽略的整批拍品裏，撿陋的成就感常是屬於用心、又有耐心的淘寶人。

　　總之，古銅錢從唐開元通寶至清錢，版本複雜，尤其是宋錢，因為一般普通版的存世量大，分辨不易，在歐洲、美國、澳洲的拍賣市場，較有機會成為珍罕錢幣撿漏區塊。因通寶、重寶、元寶一字之差，或同錢文但因鑄造朝代、鑄造國、鑄地、鑄局、重量大小等不同，存世量大不同，市場價格也差很大，老實說，這些只是中國古錢幣複雜難解之冰山一角，然而同時也是引人入勝之動力源泉。

　　海外寶多多，但識貨的人少，很多歐美藏家都是以 Fredrik Schjöth 所著《Chinese Currency》或 David Hartill 所著《Cast Chinese Coins》為參考標準[註11] [註12]，然而這兩本書對中國古錢幣，只是粗淺地簡略介紹，若所用的參考標準範本都是如此，其版別分辨功力即可見一般。能分辨珍罕版別是一種長期累積的經驗與功力、非一蹴可幾，一旦具備了這種硬功夫，在誠信且價廉的海外古錢幣拍賣市場，自然就會明白偶爾可撿陋的誘人快感，這裏是用心藏家的淘寶樂園。

註 5. 《日本貨幣カタログ（THE CATALOG OF JAPANESE COINS AND BANK NOTES）2020 年版》，日本貨幣商協同組合，凸版印刷株式会社，頁 160-170。

註 11. Frederik Schjöth：《The Currency of the Far East：the Schjöth Collection at the Numismatic Cabinet of the University of Oslo, Norway》，Andrew Publishing Company, 1976。

註 12. David Hartill：《Cast Chinese Coins》，Second Edition，New Generation Publishing，Aug. 3，2017。

歸根，是海外淘寶的情懷

　　記得一位日本老藏家曾語帶落莫感傷地談到，上世紀 40 年代，許多中國珍罕古泉隨著藏家渡美，到 70 年代，當時日本經濟起飛，他收購了千枚以上珍罕古錢幣，改革開放以來中國大陸經濟持續成長，風水輪流轉，日本經濟泡沫化，他認為是讓這些錢幣落葉歸根的時候了，幾年前決定釋出這些藏品；他引用日本泉家小川浩先生「古銭は流れがある，自然が一番良い（古錢有流水般特性，自然最好）」這句話，為其一生古錢收藏做了最好的詮釋。

　　泉是錢的古稱，取錢幣如泉水般流行周遍之意。如今古錢幣已經不是流通貨幣，但仍具泉性，只是古錢在泉友藏家之間流通，而社會經濟是流動方向背後的最主要推手。百年來古泉流向海外，正如日本這位老泉友所稱，現在是落葉歸根的時候了。

　　每一枚珍罕古錢幣都是中華瑰寶，是歷史的代表、文明的縮影，因種種原因它們流落他鄉，如果泉友有緣用心，帶它們回家，在民族情懷的意義上，與全力贖回圓明圓流失的十二生肖銅雕，或由拍賣會回購「敦煌寫經」是相似的。當然這是認同珍罕古錢幣代表著民族之魂，是一種民族情感的昇華，並不是每位海外淘寶人，都有如此高尚的情懷；然而的確也只有海外淘寶，獨具這種特殊意義，能在收藏的路上彌補歷史遺憾，有意或無意地為古文物回流作出貢獻，豈不快哉！

結語

　　海外寶多，淘寶又有多重優點與實惠，雖可稱「淘寶樂園」，但並不是完美無缺；海外淘寶最大的弊端，就是這些物件不能上手，只能看照片，及一些簡單背景資料來判斷真偽。買到假貨，我有一位玩收藏多年的朋友，傳神地以「吃到蒼蠅」來形容，有時損失並不大，可是極其倒胃噁心。

　　之前提過，淘寶的專業原則 —「求真是前提、求品是基礎、求精是境界」。在「求真」上，我一直認為，如今科學進步神速，不久的將來，科技測試一定能把「造假」這個問題徹底解決，但在新科技尚未登場的此時此刻，不論是傳統或現代的淘寶收藏方式，多半要靠自己的「眼力」，來降低吃到蒼蠅機率。

　　此處所說的「眼力」，特別指的是辨別真假及版式的眼力，這需要長期學習、琢磨，方能有成。增長錢幣眼力的最佳方式，除了多上手真的普品把玩、多與行家泉友交流外，就是多看泉譜專書，比如《北宋銅錢》[註13]、《南宋銅錢》[註14]、《咸豐泉滙》[註15] 等，好眼力不僅可降低買到贗品的機率，還能增加長期投資生財成功的機率，及提升可能撿陋的機率。

　　「求品」的道理，應人人都懂，無需於此贅言。但在「求精」上，泉友不能老停留在玩秦半兩、漢五銖、唐開元、北宋崇寧，總要往精品方面升級。雖然財力是投資收藏珍罕錢幣，很重要的一部分，然而之前談的眼力、專業知識，甚至運氣，亦都是不可或缺的重要因素。能夠有緣以「合理價格」收藏到珍罕古泉，代表是財力、眼力、專業知識及運氣的同時集

註 13. 閻福善：《北宋銅錢》，中華書局，是 2008 年 5 月 1 日。

註 14. 白貓：《南宋銅錢》，廣西師範大學出版社，2019 年 8 月。

註 15. 馬定祥主編：《咸豐泉滙》，上海人民出版社，2019 年 11 月 5 日。

合，才可能有幸發生。本書是專為想收藏珍罕古泉的有心人所寫，衷心希
望讀者能入海外寶山，不空手而回。

03.

準備與競買

第三章 海外淘寶 - 準備與競買

> 本章沒有任何錢幣背後時代歷史、貨幣制度、金融體制的回顧，只是平鋪直敘的提供讀者，海外淘寶的行前準備、競買程序，實戰經驗、注意事項等，同時分享海外古泉拍賣的市場分析，說明國際權威認證的重要性。冠狀病毒的影響，現在或許是參與「玩錢」，並增進海外淘寶功力的天賜良機。

先準備好工具，再去淘寶

在「第二章海外淘寶 - 解析與優惠」中，已清楚向讀者說明，海外有寶、有緣用心者得之；同時也詳細分析了可將海外淘寶，當作藏泉途徑的主因、動力、誘因、及情懷。今天海外淘寶已不再需要親自飛到海外，而是上網參加拍賣、直接競買；然而淘寶人在上路前，尤其是從未參加過海外競拍的新手，一定要先武裝好自己、準備好實戰「基本能力」，才能作個快樂的淘寶人。

首先，淘寶人要有使用智慧型手機的基本能力。這對一般年輕世代而言，也許不是什麼，但對廣大銀髮族及少用智慧型手機的人而言，的確是個不小的門檻。不具此能力，就不能在世界各地錢幣拍賣公司的網站首頁，註冊成會員，也就無法參加拍賣及流覽參拍品，當然海外淘寶就是空談。

這裡說的是智慧型手機不是桌上型電腦，因為各國錢幣拍賣公司，最終日舉行的現場與線上競買，都是全球同步的，加上海外有時差，有隨時隨地可上線的智慧型手機，才能隨時隨地與全球淘寶人競買，所以機動性強、方便性高的智慧型手機，方可擔當大任，是不可或缺的淘寶利器。

第二，淘寶人要有英語溝通的基本能力。所有海外錢幣拍賣公司的網

站，除了本國語外，幾乎都能自動轉換成英文，具備基本的英語溝通能力，就能閱讀參拍品的基本資料及背景內容，如果對拍品有任何疑問，也能通過電子信或直接打電話立即詢問，若是競買成功得標，所有的後續付款、郵寄等溝通，也基本上都要用英文交流。

當然現在線上語言翻譯程序已經很普遍，有些日本及美國錢幣拍賣公司，最近也開始對中國錢幣拍品加上中文介紹，甚至顧用能說中文的職員，但這畢竟是少數。即使如此，如能自己用英語直接作簡單溝通，絕對讓你在海外淘寶事半功倍、大大提高淘寶中獎率。

第三，淘寶人要有識別珍罕錢幣的基本能力，要不然就算寶擺在眼前，也不知是寶。拍品通常除了起拍價有高低，不會特別註明那件是珍罕品，如果沒有基本識別能力，至少手邊要有幾本權威參考書如：1)《馬定祥批注──中國歷代古錢圖說》，2)《中國古錢大集》，3)《華夏古泉價格圖錄》，4)《中國歷史貨幣大系》等 [註1] [註2] [註3] [註4]，以補先天不足。

參加海外拍賣會線上淘寶，因為不是現場交易，所以錢幣不可能上手先鑑定真偽，只能憑圖錄照片，不能聽聲、不能聞味，通常鏽色難辨，有時甚至連大小、重量亦不明，如果圖片上不能看出一眼假，錢文就成為辨別真偽的第一要素。

曾經有一次在澳洲的一場拍賣會上看到五代十國後梁太祖朱溫鑄「開平通寶」（907 年 - 910 年）、遼穆宗耶律璟 鑄「應曆通寶」（951 年 - 968 年），及另一場在德國的拍賣會上看到五代十國後唐明宗李嗣源鑄「天成元寶」（926 年 - 929 年），五代十國閩王延政鑄「天德通寶」（944 年），

註 1. 馬定祥：《馬定祥批注 ── 中國歷代古錢圖說》，上海人民出版社，1992 年 8 月。

註 2. 華光普：《中國古錢大集》，湖南人民出版社，2019 年 12 月 21 日。

註 3. 劉飛燕：《華夏古泉價格圖錄》，內蒙古人民出版社，2012 年 1 月。

註 4. 馬飛海總主編：《中國歷代貨幣大系》，上海人民出版出版社，1988 年 10 月 25 日。

這些都是罕見大珍啊！從圖片上乍看之下像是真品，且起拍價均非常低，後來經仔細比對錢譜，及可信任網站上的真品圖片，發現與真品在錢文字體或書寫上有出入，在此情況之下，奉勸淘寶人要堅守「錢文不符、絕不出手」的原則，不要輕率參加競買。

海外拍賣是否加入競買？基本上只能由照片圖錄，及拍品說明等有限資料來決定，這是海外淘寶最大的弊端。還好大部分珍罕機製幣、紙幣已有國際認證，唯古銅錢「吃到蒼蠅」的機率仍不可忽視。上列參考書籍除了能幫助增長錢幣知識，及識別珍罕古錢幣外，更可用於對拍品的錢文，型制大小、重量、材質等做真偽比對，減少買到贗品的機率。

最後，就是淘寶人有依財力競買的情緒管控能力。說起來也許有點婆婆媽媽，但這確實是淘寶人最常犯的毛病，尤其線上拍賣，競買出價乃在彈指之間，看到寶就心中小鹿亂撞，想擁有，而忘了自己荷包大小；情緒管控能力不足就會不止衝動地按下購入鍵，之後舉債渡日、玩物喪志的迷失淘寶人，時有所聞。

一般從拍賣開始到最後結束，至少有數星期時間，如果你不是鈔票數不完的大腕，不妨利用這段緩衝時間，對想買進的珍罕古錢幣，先進一步了解市場實際行情，然後依財力設定自己的最高出價後、參加競買。

珍罕好東西一直會不時露面，如從可信度高的「古泉園地圖庫」、「華夏古泉網圖庫」、「古錢幣價格網」等網站，或參考有信譽的拍賣公司如西泠社、嘉德等，對拍品明確標示了估價及成交價的網站，自己一方面再作一真偽比對，另一方面做好市場價格調查，然後量力而行、而不是隨性而行，才是明智的淘寶人。

現代海外淘寶，線上競買

之前的章節討論說明過，傳統的海外淘寶方式已經過時，線上海外淘寶是現代趨勢潮流，此方式有寶可淘、誠信、價廉外，甚至有漏可撿、

文物歸根的優惠。根據多年經驗，我對數十家海外經常拍賣中國古泉的公司，依 1）誠信專業、2）服務品質、3）珍罕品出現頻率，做了分析評比，為讀者精選出最優秀的四家公司，其中美國與日本各有兩家，並附上他們近期拍賣不同種類的珍罕古錢幣，提供參考欣賞：

- 美國「Heritage Auctions, Inc.」（https://www.ha.com/）公司：1）新朝王莽「一刀平五千」[圖1]；起拍價：3000 美元；成交價：10000 美元。2）南宋福建沙縣伍拾兩稅銀錠[圖2]；起拍價：3000 美元；成交價：42000 美元。
- 美國「Stack's Bowers & Ponterio」（https://www.

【圖1】新朝王莽「一刀平五千」（74x29mm，重 33.25g）。拍賣公司：美國 Heritage Auctions, Inc.；拍賣日期：2019 年 12 月 6 日；成交價：10000 美元。
資料來源 https://www.numisbids.com/

【圖2】南宋福建沙縣伍拾兩稅銀錠（138x78mm， 重 1984.68g）。拍賣公司：美國 Heritage Auctions, Inc.；拍賣日期：2019 年 12 月 6 日；成交價：42000 美元 。
資料來源 https://www.numisbids.com/

stacksbowers.com/）公司：1）清宣統元年「大清銀行兌換券」伍圓[圖
3]；起拍價：6000 美元；成交價：16000 美元。2）民國三年袁世
凱七分面像壹圓銀幣[圖4]；起拍價：72000 美元；成交價：29 萬美元。

● 日本「株式会社オークション・ワールド（AUCTION WORLD

【圖3】清宣統元年「大清銀行兌換券」伍圓（Specimen. PMG Superb Gem Uncirculated 67
EPQ）。拍賣公司：美國 Stack's Bowers & Ponterio；拍賣日期：2020 年 10 月 6 日；成交價：
16000 美元 。

資料來源 https://www.numisbids.com/

【圖4】民國三年袁世凱七分面像壹圓銀幣（PCGS
SPECIMEN-63）。 拍 賣 公 司： 美 國 Stack's
Bowers & Ponterio；拍賣日期：2020 年 10 月 6 日；
成交價：29 萬美元。

資料來源 https://www.numisbids.com/

CO., LTD.）」（https://www.auction-world.co/）公司：1）北宋仁宗「至
和重寶」折二鐵母[圖5]；；起拍價：1000 日元；成交價：26.2 萬日元。
2）清「光緒元寶湖南省造當十黃銅元」試鑄[圖6]；起拍價：40 萬
日元；成交價：115 萬日元。

【圖5】北宋仁宗「至和重寶」折二鐵母（直徑 34mm）。拍賣公
司：日本株式会社オークション・ワールド (AUCTION WORLD CO.,
LTD.)；拍賣日期：2020 年 9 月 20 日；成交價：26.2 萬日元 。

資料來源 https://www.auction-world.co/

● 日本「銀座コイン（GINZA COINS CO.）」 （https://shop.ginzacoins.

【圖6】清「光緒元寶湖南省造當十黃銅元」試鑄（NGC-MS62）。拍賣公司：日本株式会社オークション・ワールド (AUCTION WORLD CO., LTD.)；拍賣日期：2020 年 7 月 19 日；成交價：115 萬日元。

資料來源 https://www.auction-world.co/

co.jp/）公司：1）明世宗「嘉靖通寶」背「十、一兩」[圖7]；起拍價：20 萬日元；成交價：260 萬日元。2）民國八年唐繼堯像「軍務院撫軍長唐、擁護共和紀念幣」拾圓金幣[圖8]；起拍價：12 萬日元；成交價：88 萬日元。

之後在「第四章 海外淘寶 - 熱門與市價」，會分享更多這四家拍賣公

【圖7】明世宗「嘉靖通寶」背「十、一兩」。拍賣公司：日本銀座コイン (GINZA COINS CO.)；拍賣日期：2019 年 11 月 23 日；成交價：260 萬日元。

資料來源 https://shop.ginzacoins.co.jp/

【圖8】民國八年唐繼堯像「軍務院撫軍長唐、擁護共和紀念金幣、當銀幣拾圓」（PCGS-AU58）。拍賣公司：日本銀座コイン (GINZA COINS CO.)；拍賣日期：2020 年 11 月 21 日；成交價：88 萬日元。

資料來源 https://shop.ginzacoins.co.jp/

司，近期成交的珍罕古錢幣。此處要再次強調，這是我個人的分析評比，僅供參考之用。

　這四家優質的海外拍賣公司，至少不曾發現與一些華人圈不肖徵集公司，共同假借中國古錢幣專場拍賣，以數十萬或數百萬人民幣，超高起拍

價格騙取拍前鑑定費、圖錄費等玩人喪德之事。在所舉辦的拍賣會中，幾乎均以合理價格起拍，最終以合理高價成交。有心之海外淘寶人，不妨先以這四家有信譽的公司，為練習對象，待上手後再擴展淘寶勢力範圍。

要競買，先上網註冊

當準備好淘寶行前工具，不論是參加這四家公司或其他公司的線上拍賣時，毫無例外、都必需先完成他們的網上註冊。在此特別建議著手註冊之前，務必先從網頁上了解這些公司背景、歷史、負責人、競拍規則、海外參拍條件，並詳讀保證及服務事項等競買相關條文。

註冊一般只是在網上填寫包括姓名、通信住址、電話號碼、郵寄住址、電郵住址、帳戶代號及密碼等基本資料，註冊後有些比較謹慎的拍賣公司，會要求提出曾經參拍成交付款的證明，或別家拍賣公司的推薦信，以確定淘寶人的信用。但這畢竟只是少數，大多拍賣公司無此要求，註冊後淘寶人即可參加拍賣，大多只會在第一次參拍時，限制競買總金額，例如日本「株式会社オークション・ワールド（Auction World）」拍賣公司的首次競買上限是 100 萬日元（約 25 萬台幣）。

完成註冊後不要猴急、馬上參加拍賣競買，建議先流覽這些公司過去拍賣結果，包括中國古錢幣拍品種類、起拍價、成交日期、成交價等訊息，並與之前所列值得信賴的大陸專業拍賣公司或網站，所公布的起拍價、成交價，做詳細的比價比貨。

這就是 e 世代網際網路的優點及厲害之處，訊息多且都完全免費，但重點是要能消化、分析整理出有用訊息，並利用真實數據資料，讓自己站在更有利的高點，做出更明智的競買決定。其實第一次不妨只做個旁觀者，觀察別人是如何競拍？先熟悉一下這家公司的運作方式及環境，等第二次再正式出征，進場實戰競買。

海外拍賣公司，品相等級鑑定及服務

以上介紹的四家及其他海外專業拍賣公司，都會請專家先嚴格把關，確定是真品，並對拍品做好品相評估才上拍。他們通常採用美國克勞斯出版社（Krause Publications）發行的《世界硬幣標準目錄（STANDARD CATALOGOF WORLD COINS）》為依據，按錢幣「顏值」分成七等級[註5]：

1. 未流通／未使用／新品 (Uncirculated，UNC) - 即在 30 倍放大鏡下，也觀察不到任何磨損或流通過的痕跡，但可能有包裝劃痕 (Bag Marks)。

2. 極美 (Extremely Fine，XF 或 EF) - 幣面 95%細部清晰可見，整個幣面僅有極其輕微的磨損。如果以幣面某一局部區域作為定級標準，則該區內 90%細部清晰可見。

3. 優美 (Very fine，VF) - 幣面 75%細部清晰可見，整個幣面為中等程度磨損，文字和數字邊緣部分可能不够清晰。如果以幣面某一局部區域作為定級標準，則該區內細部清晰可見。

4. 美品 (Fine，F) - 幣面 50%細部清晰可見，整個幣面已呈現嚴重磨損，文字和數字邊緣部分已不清晰。如果以幣面某一局部區域作為定級標準，則該區內只有 50 %細部清晰。幣面常為未清洗狀態，出現污垢、喪失光澤。

5. 上佳 (Very Good，VG) - 幣面僅有 25%細部清晰，整個幣面已嚴重磨損。

6. 佳品 (Good，G) - 幣面已嚴重磨損，僅能辨別圖案輪廓，邊齒也有磨損，除古幣、珍稀幣外已無收藏價值。

7. 劣品 (Poor，PR) - 幣面嚴重磨損，僅能分辨大體輪廓，邊齒磨損嚴重，一般已無收藏價值。

註5. Thomas Michael & Tracy L. Schmidt editors: 《2020 STANDARD CATALOGOF WORLD COINS 》，Krause Publications，47th Edition。

　　這些海外拍賣公司也會提供協助「錢幣評級」的服務，所謂錢幣評級就是通過專業權威機構，依嚴格評分程序，對錢幣品相等級給予鑑定分數，並用防偽硬盒封裝真品。

　　目前受到錢幣界公認及海外拍賣公司認可的權威鑑定機構，僅有1985年成立的「PCGS（Professional Coin Grading Service）」和「NGC（Numismatic Guaranty Corporation）」兩家美國公司。由於中國古錢幣本身的龐雜多樣，鑑定工作極端困難，先秦貨幣及所有非機器製造金屬貨幣如方孔古錢，目前均還未在這兩家公司的服務範圍之內。

　　已經裝進評級公司防偽硬盒的真錢幣，被稱為「評級幣」；由PCGS鑑定裝盒的一般叫「P盒」，NGC鑑定裝盒的一般叫「N盒」，特別強調只有鑑定為真品的才會裝盒，並給予一專有號碼，以便所有收藏者日後在兩家公司的官網上查核比對。

　　密封裝盒後的評級錢，也就等於是拿到權威認證，通常能提升其身價，且更保值、更具增值的空間。在歐美拍賣的中國近代機製幣，尤其是珍罕金銀幣、銅元，幾乎沒有例外都是評級幣，在假貨滿天飛的今天，實乃海外淘寶最樂見之事。

　　然而道高一尺、魔高一丈，不要看到裝盒的就亂了套，認為是一定是真品無疑；我曾對日本Yahoo網拍上的裝盒評級幣，做了一項隨機抽樣調查，當在PCGS及NGC官網上，輸入這些自稱評級幣的盒上專有號碼後，幾乎無一例外，螢幕竟出現的是另一枚不同的錢幣，所以盒子是仿冒的、號碼是盜用的，奉勸淘寶人在一般購物拍賣網站競買時，建議最好只買專碼已確認的裝盒評級幣。在購入任何裝盒物評級幣前，為慎重起見，一定要先比較PCGS和NGC官網之實物，以免受騙上當。

　　另外成立於2005年美國的PMG（Paper Money Guaranty）」公司，是一家專為紙幣評級的國際權威鑑定評級機構，為美國錢幣協會ANA（American Numismatic Association），特別指定的紙幣評級服務機構，最近在歐美拍賣的珍罕見中國古紙鈔、近代紙幣，幾乎沒有例外，都是PMG

的評級紙幣。

除了自行或第三權威公司的錢幣品相評級，這些專業拍賣公司，同時會明確標示品名，鑄造年代，通常也會提供直徑、重量、或厚度等基本資料。有些特級珍罕古錢幣，除起拍價較高外，這四家公司通常會先認真做好功課，詳細描述此錢的時代背景資料、珍罕原因、收藏價值等，以期高價成交機率。

所有拍賣公司都會製作拍品圖錄及拍品網頁，放在官網上，供淘寶人直接下載流覽，或將圖錄免費郵寄贈送給會員，凡是要收圖錄費的，百分之一百有詐。參加拍賣時，首先一定要仔細閱讀，拍賣公司對拍品提供的所有資料，對有疑問或想要進一步了解的訊息，要毫不猶豫地「不恥下問」拍賣公司、力求完全清楚明白為止，才是明智的淘寶之舉。

參拍競買、成交、到收到寶貝

拍賣的古錢幣，除了可網上競買外，還可經由電子郵件、傳真、電話、現場等方式競買。通常會在數週或一個月前開放網上、電子郵件、傳真、電話競拍，在最後一天舉行網上＋現場同步拍賣，一般競買珍罕古錢幣最激烈的時候，是在最後一天全球同步舉行的網上＋現場拍賣。

須注意網上拍賣和網上＋現場同步拍賣，在每次加價金額的幅度上通常差 10 倍，例如出價在 100 ～ 200 萬日元之間的拍品，在網上拍賣時每次加價是 1 萬日圓，但在最後的網上＋現場同步拍賣時，每次加價是 10 萬日元；還有網上＋現場同步拍賣時，每個競買者都有出一次半口加價的權利，建議事先在網址上一定要看清楚每次出價的加價金額。此處要再次提醒，無論如何，不要犯了淘寶人最常犯的毛病，最後競買越是激烈、就越要管控好情緒，依市場價格及本身財力出價，是不變的鐵律。

網上競買時，除了情商要高外，還要清楚以下所列的一些拍賣交易基本常識：

● 通常競買出價最高者得標。但若有二個以上最高出價者時，以拍賣

師確認的第一位出價者得標；在此情況之下，通常手機螢幕會顯示，你是最高出價者但未得標，這表示有人先出了相同的價格，有優先得標權，所以必須再加價才能得標。

- 拍賣師可全權決定接受或拒絕任何競買出價；同時拍賣師對所有競買糾紛，具有約束力和最終決定權。

- 當你的出價高出起拍價很多時，如果沒有其他人競買，你將以起拍價得標；如果有其他人競買而你仍是最高出價者，最後成交價將是出價第二高的價格，加一個增量的加價金額。例如一枚特珍級古錢幣，你的出價是 200 萬日元，第二高的出價是 100 萬日元，成交價就是 100 萬日元加一個加價金額 10 萬日元，110 萬日元。有些買家對中意的拍品勢在必得時，常以此方式先出個超高價，如果沒人出價，或只是少數幾個人，依加價金額出價幾輪後就罷手時，他就有可能以相對低價得標。

如果幸運得標，成功由海外拍賣公司購入珍罕古錢幣，通常在拍賣結束數天內，拍賣公司會在其網站上，及由電子郵件發出正式成交通知書，並附上付款清單（invoice），除了成交金額，清單會詳列如手續服務費、郵寄包裹費等其他費用。在歐洲、美加、澳洲通常要在成交價之上追加 22% 左右其他費用，日本則相對便宜些，只有一半約 11% 左右。一般拍賣公司要求二個星期內付款，如果逾時未付款的話，將取消成交得標資格，甚至極可能取消在該公司未來的所有競買資格。

完成付款後，就是等拍賣公司寄來拍品的郵件包裹。如以上所述，從註冊、競買、得標、到付款、收到拍品，其實海外拍賣並不復雜，只是有些地方要特別提醒注意：

- 因存在時差，尤其是對歐洲、美加的拍賣，在最後一天全球網上及現場同步競買中國古錢幣的時刻，可能已是半夜，為了確保能淘到珍罕古錢幣，有時必需犧牲一下睡眠。

- 有些日本拍賣公司，因顧慮運送中拍品受損，要承擔較大的風險，

所以規定先秦貨幣一概不郵寄到日本以外的國家，如果在日本沒有送件住址，就要避免參拍先秦貨幣。

● 如果得標，付款除了成交價，還要追加其他費用，所以競買時一定要考慮匯率並精算最終總價，才決定是否出手。

● 海外包裹郵寄需要時間，可要求拍賣公司在拍品寄出後，先通知包裹郵件追蹤號碼，以減少對珍罕古錢幣運送中等待的擔憂。

● 收到拍品後，一定要仔細檢查核對，確定是所標得之珍罕古錢幣，且運送中沒有受損。

海外淘寶時要知己知彼

「市場分析」是對市場供需變化的各種因素及其動態、趨勢的分析；而海外淘寶時「知己知彼」的最佳方法，就是根據經驗、資料、數據，對中國古錢幣在海外拍賣的市場分析。中國古錢幣以多重種類出現在海外拍賣市場，主要有：1）古銅錢、2）金銀錠、3）近代機製幣、4）紙鈔。即使同樣是存世量珍罕的古錢幣，因海外市場的「信任度」認同不一，以致不同品種，其身價可能「差很遠」。

市場分析，掌握海外淘寶趨勢

美國 NumisBids （https://www.numisbids.com/）是全球最大的線上錢幣拍賣平台，通過此專業平台上登錄的數十家海外拍賣公司，與可信任如嘉德、西冷社、誠軒等拍賣公司及泉園地、華夏古泉圖庫、古錢幣價格網等網站，在全球不同的拍賣市場，將中國古錢幣多年來的起拍價、成交價，作交差比較分析，得到以下的結論：

● 日本市場。日本因同屬漢字文化圈，基本上拍賣公司，對中國古錢幣都有不錯的專業知識，這種專業在拍品品相分級，和起拍訂價上表露無遺。贗品一般很難逃過他們的法眼上拍，真贗不明的也會特

別提醒注明，珍罕品一般起拍價會訂的較高，少有例外。藏家的中國古泉專業知識，也相對比其他海外地區高，當然成交價也就自然水漲船高。

總體上相對於大陸市場，所有珍罕古錢幣包括古銅錢、近代機製幣、金銀錠、紙幣的成交價格還是略低，尤其是珍罕古銅錢價格，十年前是高峰，最近幾年反而略降的現象。在海外，珍罕中國古錢幣，以日本市場的出現率最頻繁，且通常品相不錯。

- 美國市場。美國的拍賣公司，在中國錢幣的專業知識上較日本稍遜色，但近代珍罕機製幣、紙幣較日本量更多、質更精，罕見度常令人驚艷不已！且幾乎一律有 PCGS、NGC 等權威機構的國際認證，成交價不比大陸低，金銀錠也一樣，甚至有過之而無不及。

而珍罕古銅幣拍賣，在數量上與日本不能相比，偶爾會出現先秦貨幣、咸豐大錢等熱門品種，成交價與日本相差不多。藏家的中國古泉專業知識尚可，對沒有國際認證的古銅錢，似乎信任、興趣都相對不高，成交價低。然而對有國際認證的珍罕中國現代機製幣、紙幣，甚至金銀錠的擁抱熱情，讓成交價常常意外爆表。

- 歐洲市場。歐洲主要是西歐的德國、英國、西班牙、比利時、義大利、荷蘭等國的錢幣拍賣公司，相對的東歐國家拍賣珍罕中國古錢的少之又少。西歐國家中以德國、英國公司對中國古錢幣的專業知識較高，與美國差不多外，相對其他國家只是一般。

中國古銅錢的拍賣數量與美國差不多，相對於日本就少了許多，但整體而言，珍罕古銅錢出現率略高於美國，起拍價遠不如日本精準且偏低，成交價也相對低，收藏時需特別小心比對、查證真偽。除英國外，近代機製幣、紙幣珍罕品種的質與量均不如美國、日本多，一般有 PCGS、NGC 等國際認證，成交價與日本相近，但低於美國。歐洲藏家的中國古泉專業知識似乎平平，競買人數也似乎遠少於日本與美國。與美國相似，他們似乎對沒國際認證的古銅錢興趣較不

高，所以成交價偏低；對有國際認證的珍罕現代機製幣、紙幣比較
有興趣，成交價也不差。

● 澳洲市場。澳洲中國古錢幣的拍賣公司不多，專業知識也只是一
般，比較驚訝的是珍罕古銅錢出現的頻率有時竟比歐美多，但大多
缺乏專業評估、把關不是很嚴格、甚至輕率，起拍價設定的原則不
定，成交價也較歐美偏低，收藏時要特別張大眼睛，買到高仿的機
率相對較高。

近代機製幣、紙幣基本上把關不錯，只是大多沒有國際認證，成交
價較歐日低些，金銀錠大致也是如此情況。澳洲藏家一如一般歐美
藏家，似乎對有國際認證的珍罕近代機製幣、紙幣的興趣，遠高於
存世量同樣珍罕的古銅幣。

雖然這樣的市場分析不見得絕對精準，但可略窺海外市場動態與趨
勢。

古銅錢、近代機製幣、紙幣，海外市場命運大不同

中國古銅錢的最大市場，當然是中國大陸，加上經濟持續成長、藏家
識貨者最多，市場需求量大，價格自然較高。有人這樣形容現正的大陸市
場價格：

「康熙破百，周元破五百，雍正破千，大順破兩千，大觀折十破
三千，每經歷一次大拍，一次交流會，都會突破一次最高價。」

有趣的是，珍罕品這些年並不是最拿翹的，以上這些漲得兇的，竟都
是存世量還頗多的品種。

古銅錢在海外市場，基本上仍以中國大陸的市場價格為驅動主軸。如
日本，因為本身就使用了上千年的中國「渡來錢」，歷年來泉友不少，但
珍罕古銅錢的市場價格、在十年前似乎達到最高峰，近幾年好像是在冬
眠、幾無起色。

歐美、澳洲珍罕古銅錢的市場價格，也一直是扶不起的阿斗，比起相

同罕見珍稀的外國錢幣，市場價格相對低的可憐。例如，1794 年美國聯邦政府發行的第一枚，人稱 "Flowing Hair Coin" 的夢幻一元硬幣，據估計存世數量在 120 到 130 枚之間，其中 PCGS 評級 SP66 分品相最頂級的一枚，於 2013 年 1 月由美國 Stack's Bowers Galleries 錢幣拍賣公司，以 10,016,875 美元的天價售出，現在市場估價約二千萬美元。事實上，至今拍賣單枚成交價百萬美金以上的外國珍罕古錢，至少有百枚[註6]，而中國古銅錢的數目卻是「零」。

同是珍罕的近代機製幣，成交價上了美金百萬層級的至少有兩枚大清龍洋，分別是 NGC 評級 AU55 的 1910 年「庚戌春季雲南造宣統元寶庫平七錢二分」，及 NGC 評級 SP67 的 1898 年「湖南省造光緒元寶庫平七錢二」，兩枚均由冠軍拍賣公司（Champion Auction Hong Kong）在香港拍出[註7]。

近代機製幣在全球其他各地成交價，也是逐漸展露頭角、水漲船高，預測不久即可突破百萬美元大關。大家都是存世量極少的珍罕品，為何近代機製幣、紙幣，在海外尤其是歐美，澳洲，受到的關愛，遠超過古銅錢？原因也許很簡單，就在有沒有權威的國際認證，海外對中國古錢幣有研究的藏家本就是鳳毛麟角，海外也許有些玩家是中國人，但畢竟也是少數，年代久遠且高仿滿地的古銅錢，即使是存世量極少的特珍級真品，在缺乏如 PCGS、NGC 的國際權威認證之下，誰願出天價競買？

中國珍罕古銅錢與近代機製幣、紙幣，在國際市場價格的落差，乃至與外國珍罕錢幣，在國際市場價格的巨大落差，不在於存世量，而在於對國際權威認證的信任。

我總堅信，不久的將來，一定有更好、更科學的方法能鑑定真偽，把「造假」這個問題徹底解決，要不然泉界不真成了「正不勝邪」，天道寧

註 6. Wikipedia：《List of most expensive coins》，https://en.m.wikipedia.org/wiki/。

註 7. Charles Morgan：《NGC-Certified Million Dollar Chinese Coins to be Displayed During the Macau Numismatic Society Show》，COINWEEk，October 14，2014。

論！如果有朝一日，中國古銅錢的國際權威認證制度完善確立，那也將是中國古銅錢大放異彩之時。

　　大致上，珍罕古銅幣的全球市場價格：中國大陸＞日本＝美國＞英國、歐洲＞澳洲；珍罕近代機製幣、紙幣、金銀錠市場價格：中國大陸＝美國＝英國＞日本＝歐洲＞澳洲；基本上海外中國古錢幣，除了在美國、英國，珍罕近代機製幣、紙幣的市場拍賣價格，跟中國大陸不相上下外，其餘仍均相對廉價。這也反映了珍罕中國古錢幣，尤其是古銅錢，從長期投資的角度，海外淘寶仍是不錯的選擇。

參與並增進海外淘寶功力的好時機

　　冠狀病毒大大改變了我們的生活，許多事情即使疫苗出來，也無法再回到疫情前的狀況了。疫情讓許多公司了解，依工作性質不同，不見得人人都要在辦公室上班，只要能上網、視訊，無處不辦公，公司「馬照跑，舞照跳」，一切正常運轉，所以今後「在家工作（Work From Home）」將成常態。

　　同時拜疫情之賜，催生了更多網絡活動，「線上消費」人口，由快速增加變成急速增加，已形成不可逆轉的趨勢，即將成為市場消費主流。當然應用互聯網的線上海外淘寶，也隨著疫情展現出一股勃勃生機，例如日本的一些錢幣拍賣公司，就順勢推出每月定期的 e オークション（eAction）網上競買，且起拍價一律 1000 日元；歐美一些網站也推出一元、五元超低起拍價，吸引藏家線上參拍。

　　就市場行情而言，廉價本就是選擇海外淘寶的主要動力。疫情期間，許多現場同步拍賣被取消，雖然線上競買熱度有增無減，珍罕錢幣最後飆價搶標的場景幾乎消失，以致成交價似乎有更偏低的現象，我的觀查至少日本與歐洲是這樣的。疫情過後是否就會恢復現場拍賣的盛況，不得而知，但可確定的是，屆時大家已非常習慣上線競買，何必勞師動眾到現場

競買？

　　互聯網的一大好處就是「秀才不出門，能知天下事」，你有可能在家隨時看盡當天海外所有拍賣的中國古泉，這已不是神話，但重點是要有時間。疫情的影響，「宅在家」快速成為全球運動，突然間大家都變得「更有時間」，進而催生更多藏家，進入線上海外淘寶市場，可預見中國古錢幣在海外拍賣，因突來的疫情將更熱血，珍罕品的線上競買也將更白熱化。

　　建議有心的海外淘寶人，當「更有時間」的良機出現，不妨充分利用宅在家的時間，增強海外淘寶的功力：

1. 以之前所提，全球最大的線上錢幣拍賣平台 ─ 美國「NumisBids（https://www.numisbids.com）」為延伸點，探索更多適合自己的海外拍賣公司，增加海外淘寶的實戰場地。加入這個平台的海外錢幣拍賣公司至少有數十家，由此平台搜索正在市場拍賣的中國古錢幣，對藏家而言無疑是事半功倍。

2. 以中港台華人圈正派錢幣拍賣公司為基準，及本章所提海外市場分析為參考，對不同的海外拍賣公司的拍品、起拍價、成交價自行作廣泛的對比，讓自己更正確的掌握海外拍賣市場的趨勢與價格行情，作更確的長期投資決定。

3. 提升辨識錢幣真假的眼力，這是一種長期累積的經驗與功力、非一蹴可幾，一旦具備了這種硬功夫，就更能充分享受海外入寶山而不空手而回的樂趣。

4. 提升錢幣知識最好的方法，就是廣泛閱讀相關書籍。例如專項的泉譜，增強版本辨別能力；貨幣史的專書，讓自己熟悉古錢幣背後的歷史與幣制，是人文素養的升級。

結語

　　互聯網時代，是個訊息爆炸的時代，我們每天收到及瀏覽的訊息，在量度與廣度上，是前人無法比擬與想像的，許多以往非常難得的參考資料，現在幾乎是垂手可得；古泉相關的電子書、PDF（Portable Document Format，可攜帶文檔格式）專業論文、博客論壇、專業網站等，只要一機在手，即可隨時隨地鏈接下載，問題已經不是要如何取得，而是要如何消化？

　　消化、整理、歸納正確且有用的資訊，需要「熱情與時間」，泉友一般都因興趣而入門，非常熱血自不在話下，但不一定有時間；疫情大大改變了我們的生活，減少了社交外出的時間，但創造出更多「新生時間」，換一個角度想，疫情實不失為另一「天賜良機」；如果說現正是參與「玩錢」，進而增進海外淘寶功力的最好時機，絕對一點也不為過。

　　本書雖然談的是海外淘寶，從長期投資的角度而言，「玩錢」要有進有出才是生財正道。此外，人生總免不了不可抗力的事，入手、轉手是很正常的，不必太執著；對喜愛的珍罕古泉，也許釋出時有絲絲不捨，然而對每一枚古錢幣而言，我們都只是過客。利用「新生時間」進一步了解海內外靠譜的出手管道，明白曾經擁有就是確幸的灑脫，才能培養更健康、自然的收藏心態，不是嗎？

04.
熱門與市價

第四章 海外淘寶 - 熱門與市價

本章以歷朝貨幣制度為主，以相關史實背景為輔，串聯近 150 多枚，海外熱拍的珍罕先秦、新莽、五代十國、遼西夏金元少數民政權、清咸豐等古銅錢，及清末民國近代機製幣、元明清與近代紙幣、花錢、出譜錢，並且以拍賣成交圖片實例呈現，讀者可一目瞭然地親體這些珍罕古錢的品相、拍賣公司、拍賣日期、成交價等重要市場訊息。

當錢數位化後，古泉應更具收藏意義

因人類社會交易方式的效率的提升，由以物易物演變為間接交換，作為交易媒介的貨幣也隨之不斷演進，大致可劃分為四個時期[註1]：

1）商品貨幣：穀物、農作物，牲畜、皮革、角、貝殼

2）金屬貨幣：銅、鐵賤金屬，金、銀貴金屬

3）信用貨幣：紙幣，存款貨幣

4）電子貨幣：金融、簽帳、儲值卡等「卡式」電子貨幣，電子現金、電子支票等「軟體式」電子貨幣

中國貨幣漫長的演進史，一再證明貨幣之價值，由經濟活動中的交易效率決定。打敗商品貨幣的是金屬貨幣，賤金屬、貴金屬交互或同時的本位制，讓金屬貨幣延用了二千多年，而打敗金屬貨幣的並不是更有價值的金屬，而是印有政權信用保證的紙幣，那麼今後打敗紙幣的又將是什麼貨幣呢？答案已呼之欲出，應該就是未來發行的「法定數位貨幣」。

當人們的「錢包」不再放錢幣，而是電子數字；當真實貨幣的功能，完全被數位貨幣取代、走入歷史時，意味所有存世量稀少的真實錢幣，因政府不再印行或鑄造貨幣，而更具收藏的意義，或將為各大博物館更努力

註 1. 《貨幣概論》，三民書局，https://www.3people.com.tw/，頁 8。

爭相擁有的館藏對象。此刻中國大陸法定數位貨幣時代來臨的前夕，隨著錢幣收藏熱愈演愈烈，再加上 e 世時互聯網普及的助瀾，線上海外淘寶方式的古泉收藏，可預見的也勢必將激烈起來。

中國古泉種類繁多，顏值佳的珍罕品種更是難得一見、稍縱即逝，錯過了、就「佳人難再得」，下一次再見可能是一年、十年或更久的等待，所以我說有緣又用心者得之，這就是海外淘寶的現實寫照。以下將帶領讀者，以連結背後歷史、領會貨幣金融、長期投資生財為視角，深入了解一些海外拍賣的熱門品種，件件都有可能是未來館藏級的珍品。

先秦貨幣，古泉中最具魅力的瑰寶

先秦指的是，公元前 221 年秦始皇統一中國之前的時期，因當時的貨幣，幾乎都無法確切地知道鑄造時間，故統稱「先秦貨幣」。除了鑄時不知，部分貨幣錢文，至今仍不確定或無法釋讀，以致鑄國、鑄地仍存在許多爭議，但不論如何，先秦貨幣是中國貨幣之源頭，也是最具魅力的瑰寶。

身為全世界最早使用錢幣的國家之一，中國歷代貨幣，基本上完全遵循以上所述的四個時期演進。據考古研究，大約在新石器時代晚期，便出現「物物交換」的商業模式，在以物易物交換中，產生了一般等價物的商品貨幣例如五穀、布帛、生產工具、陶器、海貝等。因為海貝便於攜帶、計數、耐用，為當時得之不易的貴重物品，且可用作裝飾，夏商時期，海貝逐漸脫穎而出，成為中國錢幣的開山鼻祖，稱之為「貝幣」，在貨幣史上佔有重要地位。

又隨青銅冶煉技術的發展，銅鑄的仿貝幣，在相對容易控制大小、重量、造形等優點下，與海貝及其他石貝、骨貝、陶貝、玉貝等仿貝同時為流通貨幣；商代晚期墓葬遺址中，大量出土的「無文銅貝」，即是最佳實證。銅貝的誕生開啓了金屬鑄幣之門，不僅是中國最早的金屬貨幣，應該

古錢幣收藏

也是世界上最早的金屬貨幣[註2]，它的出現比西方金屬貨幣始祖，公元前七世紀，由小亞細亞呂底人所鑄「琥珀金幣」，還要早幾個世紀。

據考古資料顯示，晚商西周時期除了鑄行銅貝外，包括後來春秋時的吳國，青銅塊亦為通用的稱量貨幣[註3]。到了春秋戰國時期，諸侯割據自治，區域性貨幣形成：

1）中原地區貸幣形制源于農具鎛、錢，演變成「布幣」。
2）北部及東部地區貨幣形制源于工具削刀，演變成「刀幣」。
3）南部地區貨幣形制源于銅貝，演變成「蟻鼻幣」。
4）中西部地區貨幣形制源于紡輪或璧，演變成「圜錢」。

先秦四種青銅貨幣體系，形制、重量、大小、銘文、材質、貨幣單位均完全不同。戰國中、後期，由於交通逐漸發達，跨國交易逐漸拓展、延伸，打破了原本貨幣區塊的界線，產生了布幣、刀幣、圜錢、銅貝四大貨幣系統之間，互相滲流漫衍的現象[註4]。

直到公元前 221 年秦王嬴政滅六國，完成一統中國的大業後，統一了文字、度量衡，也統一了貨幣——「半兩」錢。之後秦以勝利者的姿態，自然要徹底清除六國殘餘影響，重要手段之一就是強力全面回收各國貨幣、熔化重鑄；有學者甚至直指，就是因為統一貨幣，將原有貨幣融毀，新貨幣供應不足，造成「貨賤錢貴、經濟蕭條」，最終導致秦朝快速覆亡[註5]。

史學作家黃摩崖先生首倡「頭顱史觀」，認為先秦文化是中國文化的源頭寶藏，先秦的精神是中華文明高貴的頭顱。多彩多姿的先秦貨幣，亦

註2. 朱活：《試論我國古代貨幣的起源》，文物參考資料，1958 年第 8 期，頁 34-38。

註3. 戴志強、周衛榮：《中國早期的稱量貨幣：青銅——長江下游區出土青銅塊的科學驗證》，中國錢幣，1995 年第 2 期，頁 3-7。

註4. 陳良彥：《中國古代的貨幣區系、黃金流動與市場整合》，臺大歷史學報，第 36 期，2005 年 12 月，頁 217-265。

註5. 朱嘉明：《從自由到壟斷：中國貨幣經濟兩千年》，遠流出版社，2012 年 1 月 1 日。

不例外，正是中國錢幣的木本水源，變化而不拘形式、璀璨而耀眼奪目；二千多年前的先秦貨幣幸運沒有被銷毀，或永眠於黃河岸、陰山旁，能殘存自今，展現在世人面前、誠屬難得！尤其布幣、刀幣、圜錢中不乏令人驚艷的名譽大珍，更為歷代泉家癡心收藏的對象。

布幣：原始布、空首布、平首布，布布驚奇

布幣一般是青銅所鑄，種類很多，為海外拍賣的常客，珍罕品雖時有出現，但重複的不多。依其演進先後基本上可分為：原始布、空首布、平首布。

- 「原始布」或稱「原始空首布」，約出現於西周晚期至春秋早期的周、晉等地，系由農具「錢、鎛」演變而來，「錢」在遠古是一種向前推的鏟，「鎛」是向後拉的鋤。由於「鎛」音「bó」，與「布」的聲母相同但音韻相轉，後來「鎛」就轉韻成為「布」，故布幣之

【圖1】先秦原始布（VF，重 86.34g）。拍賣公司：美國 Stack's Bowers & Ponterio；拍賣日期：2020 年 10 月 5 日；成交價：2200 美元。

(資料來源) https://www.numisbids.com/

「布」即「鎛」之同聲相通字。原始布^[圖1]的特徵就是像小型農具，身呈長方形，底部呈微弧狀，上有空心短鑿，常殘留有範泥，通長約 120~150mm、足寬約 70~90mm；它代表著由農具演變為貨幣的最初原形，在貨幣史上佔有重要地位，存世量極少，為先秦貨幣中稀有珍品。

- 「空首布」約出現於春秋中、晚期至戰國早期，依其肩部形狀，又可分為：平肩弧足空首布、斜肩弧足空首布、聳肩尖足空首布[註6]。空首布的評級，最起碼都是四級以上罕見古泉，偶爾會現身海外市場的，不是極罕級就是大珍級，運氣超好時還有可能一睹特珍一級幣的芳蹤。

平肩弧足空首布故名思義肩平，首部如原始布為空心短鑿，布身基本呈方形，布底部為弧襠，較原始布輕且薄，主要用行於周王畿洛陽為中心的黃河以南地區。平肩弧足空首布一般分為大、中、小三型。大型布長度大約為 93 ～ 101mm，足寬約為 49 ～ 55mm，重量一般在 30g 左右，銘文多為單字地名和數目；中型布一般長度為 83 ～ 89mm，重 21 ～ 28g，銘文一到四個字；小型布全長約為 63 ～ 74mm，足寬一般為 39 ～ 43mm，重約 15g 左右，銘文多為二字，相對制作粗糙，應是戰國晚期所鑄。平肩弧足空首布銘文繁多，已發現的就有近三百種。

海內外市場價值，幾乎與平肩弧足空首布上銘文的清晰度及字數成正比，兩字或多字一般高於單字。沒有被熔毀的已不多，殘存沒有斷裂、損壞，保存完好，文字清楚、鏽色包漿均屬上乘的佳品平肩弧足空首布[圖2]，如今已是人間極品。

中型平肩弧足空首布「少曲市左」[圖3]，舊釋為「市左小化」，是先秦貨幣中的珍罕品種。少曲古地名，位於「河南濟源東

【圖2】先秦大型平肩弧足空首布「石」（VF，長96.7mm）。拍賣公司：日本株式　社オークション ワールド (AUCTION WORLD CO., LTD.)；拍賣日期：2019 年 7 月 20 日；成交價：42 萬日元。

(資料來源)
https://www.auction-world.co/

註6. 戴志強編著：《錢幣鑒定》，吉林出版集團有限責任公司，2010 年 6 月，頁 32-37。

【圖3】先秦中型平肩弧足空首布「少曲市左」（VF，長85mm）. 拍賣公司：日本株式　社オークション ワールド (AUCTION WORLD CO., LTD.)；拍賣日期：2019年4月20日；成交價：19萬日元。
資料來源 https://www.auction-world.co/

【圖4】先秦小型平肩弧足空首布「東周」（長70mm）。拍賣公司：德國 Teutoburger Münzauktion GmbH；拍賣日期：2019年12月6日；成交價：850歐元。
資料來源 https://www.numisbids.com/

北少水彎曲處」，少水即今沁河。少曲本為周地，春秋中期一度歸晉，戰國屬韓；《史記范睢蔡澤列傳》：「秦昭王之四十二年，東伐韓少曲、高平、拔之」。錢銘文中的「市」，應是「王城之市」，王城為周都城，在今洛陽西，此類四字中型平肩弧足空首布，有少曲市東、南、西、中、左等系列，應均為王城官市所鑄，如今銘文仍能大致辨識的，已是鳳毛麟角。

小型平肩弧足空首布「東周」，為空首布中名譽大珍[圖4]。公元前441年，周考王嵬封其弟揭於河南，即上面所提之王城，以續周公之官職，此城位於洛陽之西，故稱其為「西周」，揭為首任國君史稱「西周桓公」；公元前367年，桓公之孫就是西周惠公朝，又將其子班分封在鞏，因其位於洛陽之東，遂稱「東周」，后稱「東周惠公」，所以當時有三周：周王室、西周公國、東周公國。此枚珍稀小型平肩弧足空首布，為周王室分裂出來的東周公國所鑄，彌足珍貴。另一枚小型平肩弧足空首布「文

【圖 5】先秦小型平肩弧足空首布「文貨」（長 65mm）。拍賣公司：德國 Teutoburger Münzauktion GmbH；拍賣日期：2020 年 9 月 1 日；成交價：700 歐元。

資料來源 https://www.numisbids.com/

【圖 6】先秦斜肩弧足空首布「武采」（VF）。拍賣公司：日本株式　社オークション ワールド；拍賣日期 (AUCTION WORLD CO., LTD.)：2021 年 1 月 16 日；成交價：78 萬日元。

資料來源 https://www.auction-world.co/

貨」[圖 5]，亦稱「邵也」，應屬戰國時代周王畿鑄幣，同樣存世稀有，亦為空首布中罕見珍品，「邵也」在今河南濟源西之邵亭。

斜肩弧足空首布和平肩弧足空首布一樣，主要用行於，周王畿洛陽為中心的黃河以南地區，兩者主要區別，一是斜肩另一是平肩。斜肩弧足空首布有大、小兩型，大型一般通長 78 ～ 88mm，肩寬約 43mm，足寬約 49mm，重約 22g 左右；小型一般通長 72mm 左右，肩寬約 39mm，足寬約 41mm，重約 13g 左右。目前已發現的五種銘文有：武、盧氏、三川釿、武采、武安；武字銘文的較多，海外拍賣偶見外，其餘皆罕見，尤以武采[圖 6]、武安[圖 7]最為稀少，為先秦錢幣珍品。

聳肩尖足空布為春秋中晚期至戰國早期，鑄行於黃河之北的三晉地區，特徵是高聳肩、雙足尖，可分為特大型[圖 8]，通長約 145 ～ 158mm；大型，通長約 140 ～ 145mm；中型，通長約 135 ～ 140mm；小

【圖7】先秦斜肩弧足空首布「武安」（重
18.22g）。拍賣公司：日本銀座コイン (GINZA
COINS CO.)；拍賣日期：2019 年 11 月 23 日；
成交價：52 萬日元。

資料來源 https://shop.ginzacoins.co.jp/

【圖8】先秦特大型聳肩尖足空手布無
文（F，長 154mm）。拍賣公司：日本
銀座コイン (GINZA COINS CO.)；拍賣
日期：2019 年 11 月 23 日；成交價：
6.2 萬日元。

資料來源 https://shop.ginzacoins.co.jp/

【圖9】先秦中型聳肩尖足空手布無文（EF，長
135mm）及小型「羽」（EF，長 119）。拍賣公
司：日本株式 社オークションワールド (AUCTION
WORLD CO., LTD.)；拍賣日期：2019 年 10 月 19 日；
成交價：48 萬日元。

資料來源 https://www.auctionworld.co/

型，通長約 110 ～ 135mm [圖9]。無文最常見，文字有記數、地名等，至少有 60 多種，字數有單字、兩字或多字。

空首布較大、較重、攜帶不便，到了戰國時期，空心的鑿部逐漸演變為扁平狀，相對空首布言，這類數量更多、流行更廣，較小、較輕、較易攜帶的先秦貨幣稱之為「平首布」。

● 「平首布」依布首、肩、
足、襠的不同，可分
為：三孔布、圓足布、
銳角布、尖足布、類
圓足布、類方足布、
方足布、橋足布、長
布及連布[註6]。魏國
主要通行橋足布，韓
國有銳角布，趙國有
尖足布、圓足布、三
孔布，南方楚國鑄長
布及連布，當時諸侯
公國，周王畿幾乎都
鑄有方足布，堪稱流
通範圍最廣的貨幣。

在海外市場，之前提
過素有中國古泉第一
珍幣美譽的三孔布，
存世稀罕，近期沒有
任何拍賣記錄。圓足
布銘文僅「离石」[圖
10]、「藺」[圖11] 兩種，
有大、小兩等；离石
和藺位於趙國呂梁山

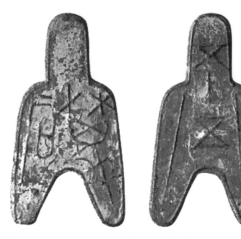

【圖10】先秦小型圓足布「离石」背「五十？」（VF）。
拍賣公司：日本銀座コイン (GINZA COINS CO.)；拍
賣日期：2014 年 11 月 22 日；成交價：65 萬日元。
資料來源 https://shop.ginzacoins.co.jp/

【圖11】先秦大型圓足布「藺」背「一」（VF，
重 11.27g）。拍賣公司：美國 Stack's Bowers &
Ponterio；拍賣日期：2020 年 10 月 5 日；成交價：
未成交；起拍價：900 美元。
資料來源 https://shop.ginzacoins.co.jp/

註6. 戴志強編著：《錢幣鑒定》，吉林出版集團有限責任公司，2010 年 6 月，頁 38-45。

區，乃通往汾河流域之咽喉，為秦趙邊界隸屬趙國的軍事重鎮，先秦貨幣中鑄有銘文「离石」、「藺」的形制特別多，离石除了圓足布外，還有尖足布與圓錢；藺除了圓足布外，亦有尖足布、方足布、刀幣、圓錢；有學者就推斷离石與藺，應為戰國時代兩大軍市，同時鑄造兵器及貨幣，且讓各種貨幣在此無障礙地交易流通，其中還包括使用刀幣的北地胡人、山戎商人。兩地為戰國時代重要軍市，及以軍需物資交易支撐趙國戰時經濟，應是不爭的史實。圓足布「藺」在海外市場還蠻常見，「离石」圓足布則非常罕見。

銳角布的主要特徵是，布首兩端各有一突出尖角，有大型平檔及小型尖檔兩種，通長分別為 70mm 及 50mm 左右，重量分別為 18g 及 9g 左右，兩種小型銳角布銘文「公」、「垂」海外不時可見；五種大型銳角布銘文：「百涅」、「亳百涅」、「舟百涅」、「盧氏百涅」、「共金」，除「百涅」零星出現外[圖12]，其餘均為特珍，海外不曾有拍賣記錄。根據錢面銘文記地及出土地點，一般認定大型平檔銳角布為韓國鑄，小型尖檔銳角布為魏國鑄。大型銳角布錢文譯讀大多分歧，如「百涅」也有錢譜就譯為「涅金」或「金涅」；涅音「niè」，古地名，位於今山西省武鄉縣北。

【圖 12】先秦大型銳角布「百涅」（AU）。拍賣公司：拍賣公司：日本株式　社オークション ワールド (AUCTION WORLD CO., LTD.)；拍賣日期：2019 年 4 月 20 日；成交價：95 萬日元。

(資料來源) https://www.auction-world.co/

尖足布應由聳肩尖足空首布演變而來，有大、小兩型，通長分別為 80mm 及 50mm 左右，重量分別為 11g 及 6.5g 左右，一般大型尖足布較小形稀有，錢面銘文如有「甘丹」、「大陰」、「茲氏」、「晉陽」、「邪山」、「藺」、「榆即」、「盧虒」、「陽曲」共 9 種，其中「甘丹」[圖 13]、「邪山」[圖 14]、「茲氏」[圖 15] 為近年海外僅見，目前已發現的小型尖足本約有 50 多種。

【圖 13】先秦大型尖足布「甘円」（VF，長 86.8mm）。拍賣公司：日本株式　社オークション ワールド (AUCTION WORLD CO., LTD.)；拍賣日期：2020 年 1 月 18 日；成交價：38 萬日元。

資料來源 https://www.auction-world.co/

介於尖足布和圓足布之間的類圓足布，及介於尖足布和方足布之間的類方足布，它們正、背面豎筋位置和方向類同尖足布，面文也多與尖足布相同，均屬「半釿」小

【圖 14】先秦大型尖足布「邪山」（F，重 14.6g）。拍賣公司：日本銀座コイン (GINZA COINS CO.)；拍賣日期：2016 年 11 月 21 日；成交價：8.8 萬日元。

資料來源 https://shop.ginzacoins.co.jp/

【圖15】先秦大型尖足布「茲氏」（VF，重19.88g）。拍賣公司：美國Stack's Bowers & Ponterio；拍賣日期：2020年10月5日；成交價：120美元。
資料來源 https://www.numisbids.com/

【圖16】先秦方足布「東周」（F~VF）。拍賣公司：日本株式　社オークション　ワールド (AUCTION WORLD CO., LTD.)；拍賣日期：2005年11月7日；成交價：20萬日元。
資料來源 https://www.auction-world.co/

型布，為不易分辨的兩種平首布。類圓足布目前發現面文主要有「大陰」、「平周」、「晉陽」、「陽匕」等共10種；類方足布目前已發現的面文主要有「茲氏半」、「平周」、「大陰」、「榆次」等8種，海外拍賣一般無此分類，只有少數類方足布偶爾可見。

方足布錢文地名達160多種，存世量差異很大，但大多稱不上珍罕品種；一般通長45～48mm、肩寬23～26mm、足寬24～29mm、重6g左右，其中有「東周」面文的方足布為最珍稀罕見[圖16]；另外「宜平」及「右明新治」等特珍級方足布，同樣海外近期沒有拍賣記錄。

一般學者咸認為，橋足布是戰國前期，雄才大略的魏文侯，率先貨幣制度改革後的產物，除了是魏國流通貨幣，在秦、韓、楚地區也有其蹤跡。橋足布平首、方足、方肩或圓肩，特徵是足間袴襠呈弧形拱橋狀，故稱「橋足布」，又因其銘文多帶記重單位「釿」字，故又稱「釿布」。

橋足布一般鑄有地名，且分為二釿、一釿、半釿三等制，二釿布等
於 2 枚一釿布或 4 枚半釿布。二釿布通長約 65mm，重 28g 左右；
一釿布通長約 52mm，重 14g 左右；半釿布通長 42mm，重 7g 左右。
三等制中「橋足半釿布」，在泉界大名頂頂，為昔日古泉五十珍之
首，如「陰晉半釿」[圖 17]、「梁半釿」[圖 18]、「虞半釿」[圖 19]、「安
邑半釿」[圖 20] 等大珍，即使在日本，也僅偶爾現身過。

【圖 17】先秦橋足布「陰晉
半釿」（G~VG，重 8.2g））。
拍賣公司：日本株式　社オーク
ション　ワールド (AUCTION
WORLD CO., LTD.)；拍賣日期：
2012 年 12 月 9 日；成交價：
46 萬日元。

資料來源

https://www.auction-world.co/

【圖 18】先秦橋足布「梁
半釿」（7.2g）。拍賣公
司：日本株式　社オークシ
ョン　ワールド（AUCTION
WORLD CO., LTD.）；拍賣
日期：2021 年 9 月 20 日；
成交價：32500 日元。

資料來源

https://www.auction-world.co

【圖 19】先秦橋足布「虞
半釿」（G）。拍賣公司：
日本オークション　ネット
(AUCTIONNET Inc.)；拍賣日
期：2006 年 11 月 7 日；成
交價：16 萬日元。

資料來源

http://www.auction-net.com/

若依鑄地不同，目前共發現有 19 類橋足布，每類又依不同等制，
共分為 37 式 [註 7]。橋足布因鑄造精良，較其他平首布含銅量高、

註 7. 張雨村：《戰國魏國橋足布研究》，鄭州大學碩士論文，2016，頁 13-15。

【圖 20】先秦橋足布「安邑半釿」（G～VG，7.3g）。拍賣公司：日本オークション ネット (AUCTION-NET Inc.)；拍賣日期：2011 年 6 月 12 日；成交價：14 萬日元。

資料來源 http://www.auction-net.com/

【圖 21】先秦橋足布「虒釿」（12.85g）。拍賣公司：美國 Stack's Bowers & Ponterio；拍賣日期：2020 年 10 月 5 日；成交價：320 美元。

資料來源 https://www.numisbids.com/

足值厚重，一直受到海內外藏家的喜好追捧，也是海外拍賣的常客，其中不乏珍罕品。

橋足布「虒釿」[圖 21]，在丁福保先生所著《歷代古錢圖說》譯為「虒金化」，級別定為最稀有級「無定價」；在華光普先生主編《中國古錢大集》譯為「虒釿」，級別定為一級「孤品」，足見其罕見度。「虒」音「zhi」，為古地名，故址在今在今山西霍州市東北今霍州市七里峪，戰國時，公元前 453 年，韓、趙、魏三家分晉，霍邑先屬魏，後屬韓，後又屬趙。特珍級的橋足布「虒釿」，歸屬尚無定論，然學者一般認為是戰國中早期所鑄，故較可能為魏國錢幣。

珍罕的「晉半釿」、晉陽一釿」[圖 22]、「晉陽二釿」[圖 23]，亦稱

「言半釿」、「言陽一釿」、「言陽二釿」或「䛐半釿」、「䛐易
一釿」、「䛐易二釿」等三枚一套，正可充分說明橋足布特有的三
等制，其幣值、大小、重量依次遞增，因此便於使用、易於流通，
這種「子母相權」的配制，可謂先秦貨幣制度上一大進步。晉陽橋
足布有人定為趙國鑄，亦有人認為為魏國鑄，由多種不同錢面銘文
的釋讀，即知不易有定論。

【圖22】先秦橋足布「晉陽一釿」（52x32
mm，重12.59g）。拍賣公司：德國
Teutoburger Münzauktion GmbH；拍賣日
期：2020年5月26日；成交價：750歐元。

(資料來源) https://www.numisbids.com/

【圖23】先秦橋足布「晉陽二釿」
（VF，長64.3mm，重18.2g）。拍賣公
司：日本株式社オークション ワールド
(AUCTION WORLD CO., LTD.)；拍賣日期：
2008年6月15日；成交價：44萬日元。

(資料來源) https://www.auction-world.co/

晉陽為古代北方著名的大都會之一，故址在今山西省太原市晉源
區；春秋末期周貞定王十四年（公元前455年），晉國內智伯瑤、
趙襄子、韓康子、魏桓子，四大家族之間發生了一場內戰，史稱「晉
陽之戰」，此役本是智伯瑤聯合韓康子、魏桓子，討伐不臣趙襄子，
歷時兩年左右，最終卻由趙、韓、魏三家聯手，於晉陽反引晉水倒

灌滅了智氏，智氏敗亡後，晉國名存實亡，逐漸形成了「三家分晉」的新局面；史學家將「晉陽之戰」視為揭開戰國時代的序幕，具有重大歷史意義。如果沒有晉陽之戰，韓、趙、魏三家分晉的歷史改寫，當然也就不會有此役之後所鑄的晉陽橋足布，讓二千多年後的我們，驚嘆它的古樸精美。

長布「殊布當鋝」^{［圖 24］}，又稱「橈（音 náo）布當鋝」、「斾（音 pèi）布當鋝」等諸說不一，為楚國鑄幣，慣稱「楚大布」或「殊布」；平首平肩方足有腰，布首有大圓孔，雙足似燕尾垂掛，通體狹長約 95~104mm，重約 28 ～ 35g；背文「十貨」，可能是指一枚殊布等於十枚銅貝蟻鼻幣，若按銅貝每枚約重 3.3g，如此比價算相當合理。連布「四布當鋝」^{［圖 25］}，由面文「四布」、背文「當鋝」的兩枚小方足布，足部相連而得名，一般通長 80mm 左右，重

【圖 24】先秦長布「殊布當鋝」背「十貨」（長 102mm）。拍賣公司：德國 Teutoburger Münzauktion GmbH；拍賣日期：2019 年 12 月 7 日；成交價：550 歐元。
資料來源 https://www.numisbids.com/

【圖 25】先秦連布「四布當鋝」（VF，重 16.18g）。拍賣公司：日本銀座コイン (GINZA COINS CO.)；拍賣日期：2012 年 11 月 17 日；成交價：22 萬日元。
資料來源 https://shop.ginzacoins.co.jp/

【圖26】先秦「四布當鈁」（G，重8.2g）。
拍賣公司：日本株式　社オークション　ワール
ド (AUCTION WORLD CO., LTD.)；拍賣日期：
2013年6月9日；成交價：29萬日元。
資料來源 https://www.auction-world.co/

14~17g，較殊布更罕見。因其狹長的形制與殊布相近，一般認定為楚國鑄。單個的「四布當鈁」，偶爾也會現身海外市場[圖26]。

刀幣：齊刀、趙刀，刀刀不菲

刀幣明顯是從青銅工具削刀演變而來，春秋晚期至戰國時期，流行於燕國、齊國、趙國、狄、鮮虞中山國等，所通行的刀類貨幣。依不同鑄地、鑄期，大致可分為：明刀、尖首刀、針首刀、截首刀、齊大刀、趙直刀和中山刀[註6]。其中尖首刀、針首刀及截手刀，一般認為是北方遊牧民族山戎、狄、鮮虞中山國的鑄幣，然而迄今爭議尚多、並無定論，海外市場偶有拍賣，但多稱不上珍罕品。

明刀是刀幣正面鑄有扁折如「眼」形的符號，此字形態變化很大，釋讀有「明」、「易」、「召」、「匽」等，通長137～144mm，重12.7～22克，背文繁多複雜，據統計有450種之多。明刀中以燕明刀出土範圍廣，雖是二千多年前的刀幣，因存世量大的驚人，屬先秦貨幣中的低檔品種。

除了燕明刀外，齊亦有明刀，因齊明刀最早於嘉慶年間在山東博山香峪村出土，故泉界亦稱「博山刀」。齊明刀較燕明刀瘦狹，通長134~150mm，重11～15g，「明」字瘦而拉長，且字體筆畫多方折，有背文的齊明刀如「齊」、「齊化」、「莒冶化」、「莒冶齊化」等近十種，

註6. 戴志強編著：《錢幣鑒定》，吉林出版集團有限責任公司，2010年6月，頁45-55。

雖然釋讀多有爭議，具為先秦大珍，可惜海外近期無拍賣記錄。

　　齊大刀大多出土於山東齊地，因體形大、份量重，故稱「大刀」，一般認為是戰國時期齊國鑄幣；依刀面銘文字數可分為四類：六字刀、五字刀、四字刀、三字刀；目前已經發現的有七種：「齊返邦長法化」、「節墨之法化」、「安陽之法化」、「節墨法化」、「齊之法化」、「莒邦法化」、「齊法化」。節墨也就是即墨，齊國古邑名，故城在今山東平度東南；安陽為何地？眾說紛紜，一般傾向春秋晚期，齊滅古萊國、莒國，安陽為莒國中之五陽地之一，在今山東省莒縣與濟南之間地方。除節墨刀較小一點外，其餘齊大刀一般通長 175 ～ 189mm，重 41 ～ 63g 左右。齊大刀鑄造精美，面文均有「法化」二字，化通貨字，所謂法化，即「法定通貨」之意，就是合乎政府規定之通用貨幣，把貨幣稱為法化，為先秦其他諸國少有特徵。

　　六字刀「齊返邦長法化」[見緒論 圖 1]，之前於緒論中提過，為刀幣中之魁首，在泉界享有盛名，是公元前 279 年，「田單復國、勿忘在莒」的那段歷史的紀念幣。然亦有學者認為六字刀面文應釋為「齊建邦長法化」或「齊造邦長法化」，此幣可能是齊太公田和，承魏文侯代請於周安王，於周安王十六年（公元前 386 年），立為齊侯，世稱田齊，所鑄之開國紀念幣。六字刀為特珍級刀幣，真品、銘文又清晰可辨的，海外拍賣難得一見。

　　五字刀：「安陽之法化」[圖 27]、「節墨之法化」[圖 28]，海外拍賣偶爾可見，競買者多，為搶手品種。四字

【圖 27】先秦「安陽之法化」背「草」五 字 刀 幣（VF，180mm）。 拍 賣 公司：日本株式社オークション ワールド(AUCTION WORLD CO., LTD.)；拍賣日期：2019 年 7 月 20 日；成交價：52 萬日元。

資料來源 https://www.auction-world.co/

刀「莒邦法化」簡稱「莒邦刀」，比六字刀更罕見，莒邦刀海外近期無拍賣記錄；另外兩種四字刀：「節墨法化」[圖29]、「齊之法化」[圖30]，亦為珍稀熱門品種。三字刀「齊法化」，為齊大刀系統中存世量較多的品種，雖末達罕見級，但成交價也隨海外齊大刀的愛藏者眾，而水漲船高。

趙直刀應為戰國中期以後趙國所鑄，因刀身平直而得稱，又因刀首有圓折或方折，故亦稱圓首刀、平首刀。幣面錢文有甘丹、白人、城、城白、王刀、藺、晉陽等，其中王刀、藺、晉陽為直刀中珍罕品種，其他存世量相對較多。而珍罕直刀中，海外唯見晉陽刀偶有拍賣記錄；晉陽刀面文有四種：「晉半」、「晉化」、「晉陽化」、「晉陽新化」；晉半較小，通

【圖28】先秦「節墨之法化」背「化」五字刀幣（G~VG，重53.5g）。）。拍賣公司：日本オークション ネット（AUCTION-NET Inc.）；拍賣日期：2017年6月4日；成交價：72萬日元。

資料來源 http://www.auction-net.com/

長約71mm，其他較大，通長約92～100mm。一如之前所提到的晉陽橋足布，有人認為應該釋讀為言陽而非晉陽，即西漢時西河郡之圖陽，今陝西省神木縣一帶，戰國早期屬魏，後歸於趙。「晉半」[見第二章 圖11]一枚近

【圖29】先秦「節墨法化」背「日」四字刀幣（EF，重42.2g）。拍賣公司：美國Stack's Bowers & Ponterio；拍賣日期：2020年5月6日；成交價：4000美元。

資料來源 https://www.numisbids.com/

期在德國拍出，其餘晉陽刀「晉化」、「晉陽化」、「晉陽新化」，亦均為先秦貨幣名譽大珍，昔被列為古泉五十名珍之一，近期海外未見拍賣記錄。

圓錢：方孔、圓孔，圜圓可貴

由玉璧或紡輪演化而來的「圜錢」，又稱「圜化」、「圓錢」、或「環錢」，裘錫圭與彭信威兩位學者，均認為圜錢最早鑄行於魏[註8][註9]，魏鑄圜錢有「垣」、「共」、「桼垣一釿」[圖31]，存世量依此序遞減；另外銘文有「濟陰」、「共屯赤金」、「共少半釿」、「半釿」、「衛釿」均極其罕見，為先秦名珍，除「濟陰」[圖32]多年前在日本出現過，其餘海外近期均無成交記錄。

除了魏國，周王畿、趙、秦、齊、燕均鑄有圜錢，之前在小型平肩弧足空首布，及方足布中提過的東周公國，又以其國名鑄「東周」圜錢，其兄弟之國西周公國，

【圖30】先秦「齊之法化」背「日」四字刀幣（VF，長 185mm）。拍賣公司：日本株式社オークション ワールド (AUCTION WORLD CO., LTD.)；拍賣日期：2020 年 4 月 18 日；成交價：25 萬日元。

資料來源 https://www.auction-world.co/

【圖31】先秦「桼垣一釿」圜錢（G，直徑 38.6mm，重 12g）。拍賣公司：日本オークション・ネット (AUCTION-NET Inc.)；拍賣日期：2018 年 12 月 2 日；成交價：6 萬日元。

資料來源 http://www.auction-net.com/

註 8. 裘錫圭：《戰國貨幣考（十二篇）》，收於《古文字論集》，中華書局，1992，頁 429。

註 9. 彭信威：《中國貨幣史》，上海人民出版社，1998，頁 55-56。

【圖 32】先秦「濟陰」圜錢（G，直徑 38mm，重 8.8g）。拍賣公司：日本株式 會社オークション・ワールド (AUCTION WORLD CO., LTD.)；拍賣日期：2012 年 12 月 9 日；成交價：50 萬日元。

資料來源 https://www.auction-world.co/

【圖 33】先秦「東周」「西周」圜錢 （VF）。拍賣公司：日本銀座コイン (GINZA COINS CO.)；拍賣日期：2019 年 11 月 23 日；成交價：70 萬日元。

資料來源 https://shop.ginzacoins.co.jp/

亦鑄有「西周」圜錢，此二圜錢[圖 33]相對輕小，直徑約 25 ～ 26mm，重約 4g 左右，雖然鑄年均已不可考，昔並列於古泉五十珍之一，存世之罕可見一斑。

之前提過趙國軍事重鎮「离石」和「藺」，除了圓足布外，亦鑄有銘文為「离石」[圖 34]、「藺」[圖 35]的珍罕圜錢。趙國另鑄有銘文「封陰」、「襄陽二」圜錢，皆為先秦大珍，可惜海外近期均無拍賣記錄。

【圖 34】先秦「离石」圜錢（F，直徑 37mm）。拍賣公司：澳大利亞 Noble Numismatics Pty Ltd。拍賣日期：2006 年 7 月 25 日；成交價：920 澳元。

資料來源 https://www.noble.com.au/

【圖 35】先秦「藺」圜錢（F，直徑 33.2mm，重 11g）。拍賣公司：日本株式會社オークション・ワールド (AUCTION WORLD CO., LTD.)；拍賣日期：2012 年 12 月 9 日；成交價：52 萬日元。

資料來源 https://www.noble.com.au/

　　單從物理角度而言，圓形為最理想造形，圓錢最能減少便用上的磨損與凹折，也許就是因為這個原因，秦國只鑄有圓錢，在錢幣設計、流通使用上，較其他六國相對先進、佔優勢；僅是由圓孔圓錢如「一銖重一兩十四」[圖36]、「一銖重一兩十二」[圖37]、「半圜」等，轉變成方孔圓錢如「文信」[圖38]、「長安」[圖39]、「兩甾」、「半兩」。

【圖 36】 先秦「一銖重一兩十四」圓錢（G，直徑 38mm）。拍賣公司：日本株式会社オークション・ワールド (AUCTION WORLD CO., LTD.)；拍賣日期：2019 年 10 月 19 日；成交價：16 萬日元。

資料來源
https://www.auction-world.co/

【圖 37】 先秦「一銖重一兩十二」圓錢（VG）。拍賣公司：日本株式会社オークション・ワールド (AUCTION WORLD CO., LTD.)：2016 年 5 月 10 日；成交價：28.4 萬日元。

資料來源
https://www.auction-world.co/

【圖 38】 先秦「文信」圓錢（直徑 24.4mm，重 4g）。拍賣公司：日本株式会社オークション・ワールド (AUCTION WORLD CO., LTD.)；拍賣日期：2012 年 6 月 10 日；成交價：200 萬日元。

資料來源
https://www.auction-world.co/

　　這裡的「半兩」指的是戰國時代秦所鑄半兩，世稱「戰國半兩」，是秦始皇統一六國後所鑄半兩的前身，錢面銘文為大篆而非小篆，幾乎與秦半兩一樣，存世量頗大，兩甾圓錢雖遠少於半兩但仍相對較多，其他秦鑄圓錢皆為珍罕品種，偶見於海外市場，尤其是日本。

　　齊、燕地區的圓錢以「化」為單位，均為方孔圓錢，齊鑄已發現的有賹化、

【圖 39】 先秦「長安」圓錢（VF，重 2.39g）。日本銀座コイン (GINZA COINS CO.)；拍賣日期：2012 年 2 月 10 日；成交價：28 萬日元。

資料來源 https://shop.ginzacoins.co.jp/

賹四化、賹六化，燕鑄已發現的有一
化、明化、明四，除明四^{【圖 40】}珍罕
外，其他相對較多，海外市場亦常
見。

圓錢從早期是圓孔演變為方孔，
或許由於錢幣鑄成後，為方便木條從
中間穿過，進行整串旋轉銼修；亦有
人認為方孔在用繩子串起，攜帶時較
圓孔容易固定，減少轉動磨損。一般
學者認為，秦圓孔圓錢是秦孝公商鞅
變法的產物，而方孔圓錢是《史記·

【圖 40】先秦「明四」圓錢（F，直徑
29.5mm，重 5.48g）。拍賣公司：日本コ
インオークション (NIHON-COIN-AUCTION
Inc.)；拍賣日期：2017 年 12 月 10 日；成
交價：15 萬日元。

資料來源 https://www.ncanet.co.jp/

秦始皇本紀》中提到秦惠文王二年（公元前 336 年）「初行錢」以後的事。
而這種「方孔圓形」的造型，以方孔代表地、外圓代表天，又與古代「天
圓地方」的宇宙觀相合。秦統一六國後的「秦半兩」，是中國貨幣史上第
一個全國通用的法定貨幣，「外圓內方」的形制也成為歷朝銅錢的基本設
計，延用了二千多年一直到民國初年，方孔圓錢才完全退出歷史舞台。

新莽錢，「托古改制」下的奇葩

西漢之初，採取了「放鑄政策」，民間鑄錢盛行，尤以蜀郡嚴道銅山
大量鑄錢的鄧通，及開豫章銅山盜鑄的吳王劉濞為最，造成「吳鄧錢布天
下」。漢景帝採用御史大夫晁錯《削藩策》的提議，之後引發了吳王劉濞
聯合其他諸侯國反叛的「七國之亂」；有史學家直指，放鑄政策致使國家
財權旁落、政權動搖，才是七國之亂背後的真正原因。

武帝鑒於文景時期地方鑄幣造成社會混亂，甚至國本動搖，遂將鑄幣
權收歸中央，從此國家鑄幣造錢成了中國貨幣發展的常態。自西漢武帝元
狩五年（公元前 118 年）首鑄「五銖錢」，到唐高祖武德四年（621 年）止，

五銖錢雖有許多不同種類，如「東漢五銖」、「魏五銖」、「蜀五銖」、「永安五銖」、「常平五銖」、「隋五銖」等，這種標準重五銖（約 3.5～4g）的方孔圓錢，前後流通了 739 年，穿越八個朝代經久不衰，成為中國錢幣史上流通最久的貨幣，唯獨在西漢、東漢之間的新朝王莽時期，五銖錢曾被完全禁止。

新朝王莽所鑄的錢幣又稱「新莽錢」或「莽錢」，莽錢面文多採用纖秀的「懸針篆（懸針篆是小篆的一種，也叫"垂針篆"，是篆書的異體；懸針，是指"豎畫收筆出鋒"，鋒，就像鋼針倒懸一樣）」字體，製作精美、形制多樣，一系列莽錢多為古泉史上奇葩，一如先秦貨幣，是古今中外泉家珍藏熱門。

談莽錢要先認識王莽親姑媽，王政君

一般而言介於兩漢之間，由王莽建立的新朝，因國祚只有 15 年，歷史大多把新莽併入西漢來講。莽錢背後的歷史，除了主角王莽外，讓我直覺聯想到的是，中國史上最長壽皇太后之一，王莽的親姑媽——「西漢孝元皇后王政君」，因為她無疑是一路提拔很會「裝」的侄兒土莽，最終導致西漢滅亡的始作俑者。這位中國歷史上罕見高壽又有實權的皇太后、太皇太后，身歷西漢末年五位皇帝，其波瀾萬丈的一生，為宮廷鬥爭、外戚干政的歷史，最經典之寫照。

漢元帝劉奭有三個兒子：太子劉驁，母親王政君王皇后；定陶王劉康，母親傅瑤傅昭儀；中山王劉興，母親馮媛馮昭儀。傅昭儀、馮昭儀為漢元帝先後異寵，「昭儀」這個介於皇后與婕妤之間，前所未有的后宮嬪御新稱號，就是漢元帝顯示殊愛，為她們兩位特別量身設立的，相較之下，正宮王皇后當時則倍受冷落。

漢元帝去逝後，由其子漢成帝劉驁即位，王政君以子為貴，終於媳婦熬成婆；母儀天下的她順勢一手打造了王氏集團，一家位居高官、權傾朝野，包括對她百依百順，又名聲在外的侄子王莽，被任命為大司馬，時年

38 歲。不成材的漢成帝沉溺美色、過度淫樂，尤其寵幸史上與楊貴妃並稱「燕瘦環肥」的趙飛燕，及其妹趙合德，在位二十六年沒有子嗣，遂立定陶王劉康之子劉欣為太子。漢成帝四十五歲暴斃後，漢哀帝劉欣即位，其祖母傅昭儀與生母丁姬兩家外戚地位也水漲船高、日益驕橫，並開始打壓已年邁的王政君及王氏家族，王莽因而解職回到封地、韜光養晦。

待這位以「斷袖之癖」聞名的漢哀帝，英年早逝後，王政君迅速部署王氏子弟控制中樞，以太皇太后之名臨朝稱制，再任王莽為大司馬秉持朝政，旋即逼死趙飛燕，並鏟除哀帝所拔擢的傅、丁兩家外戚，立年僅九歲中山王劉興之子劉箕（後改名劉衎）為漢平帝，改元「元始」，無巧不成書，是年正是公元 1 年。

元始五年十二月（6 年），漢平帝不幸少年早夭，此時羽翼已成的王莽，再也不用裝飾其狼子野心，立年僅四歲的劉嬰，史稱「孺子嬰」為傀儡皇太子，又藉著周公輔佐周成王典故為由攝政輔佐，此時年愈古稀的王政君方知養虎為患，但權力已被王莽完全架空、無力回天。

古代因皇帝年幼無法親政，由大臣代居其位稱「居攝踐祚」，踐祚乃「即位」之意。公元 6 年王莽正式就任「攝皇帝」，改元「居攝」，立孺子嬰為太子。王莽假仁假義的面目已被識破、反者四起，但均被其平息，遂於居攝三年真除「假皇帝」，改元「始建國（9 年）」，改國號為「新」，史稱「新莽」，至此，西漢滅亡。始建國五年（13 年）二月初三日，這位「婦人之仁」與「擲璽責莽」兩句成語典故，背後的主人翁王政君逝世，享年八十四歲。

王莽頻頻幣制改革，食貨俱廢

在王莽正式掌權的十幾年中，從公元 7 年到公元 14 年，僅這 7、8 年時間，他就樂此不疲地進行了四次大規模幣制改革：

- 第 1 次，居攝 2 年 (7 年)：發行各種大面額錢幣包括「大泉五十（可換 50 枚五銖錢）」、「契刀五百（可換 500 枚五銖錢）」、「一

刀平五千（可換 5000 枚五銖錢）」。

其中一刀平五千^[見第三章 圖1]像一把鑰匙，分為環柄和刀身兩部分，環柄上「一刀」上下二字為陰文，以錯金工藝，將黃金嵌入、打磨加工，是中國最早，也是錢幣史上唯一使用錯金工藝的錢幣，它有一個響亮的俗名「金錯刀」；刀身有銘文「平五千」三字，這「平」字是等值的意思。因造形奇特、工藝特殊、存世稀有，歷來為古今藏家喜好珍品。另外還有兩枚史書未載的特珍級莽錢：「國寶金匱直萬」、「國珍金匱五千」，一般認為是未流通的試鑄品。

- 第 2 次，始建國元年 (9 年)：廢除契刀五百、一刀平五千，五銖錢；新鑄重量只約一銖的「小泉直一」替代五銖錢，與大泉五十並行，一枚大泉五十可兌換五十枚小泉直一，也就是兩者按 50：1 的比值在市場中流通。

其實要廢契刀五百、一刀平五千就廢吧！王莽還找了一個冠冕堂皇的藉口，據《漢書》九十九卷《王莽傳中》所載：「今百姓咸言皇天革漢而立新，廢劉而興王。夫劉之為字，卯、金、刀也。正月剛卯，金刀之利，皆不得行。」白話翻譯就是「百姓都說上天要革除漢朝、建立新朝，廢棄劉家、振興王家。而「劉」字由卯、金、刀三字組成，「正月剛卯」的避邪佩飾，及金刀錢，都不准再使用。」契刀五百、一刀平五千是犯了卯、金、刀三字中的「刀」諱，五銖錢的銖字犯了「金」諱，而且又是漢朝行用錢，在「去劉化」的天意下，更留不得，當然要一併廢棄。

- 第 3 次，始建國 2 年 (10 年)：推行「寶貨制」，號稱是錢幣史上最煩瑣，也是最雜亂的貨幣制度。發行「五物、六名二十八品」貨幣，「五物」是指金、銀、銅、龜、貝五種幣材。「六名二十八品」則為金貨一品、銀貨二品、龜貨四品、貝貨五品、泉貨六品、布貨十品。

其中泉貨六品後世稱為「六泉」：「小泉直一」、「么泉一十」

［圖 41］、「幼泉二十」［圖 42］、「中泉三十」［圖 43］、「壯泉四十」［圖
44］、「大泉五十」；布貨十品後世稱爲「十布」：「小布一百」［圖
45］、「么布二百」［圖 46］、「幼布三百」［圖 47］、「序布四百」［圖
48］、「差布五百」［圖 49］、「中布六百」［圖 50］、「壯布七百」［圖
51］、「第布八百」［圖 52］、次布九百」［圖 53］、「大布黃千」；此即
古泉收藏界津津樂道的莽錢大珍「六泉十布」。

【圖 41】新朝王莽「么泉一十」（F~VF，直徑 16.2mm，重 1.9g）。拍賣公司：日本株式会社オークション・ワールド (AUCTION WORLD CO., LTD.);拍賣日期：2015 年 12 月 6 日；成交價：22 萬日元。

資料來源

https://www.auction-world.co/

【圖 42】新朝王莽「幼泉二十」（F，直徑 18.3mm，重 2g）。拍賣公司：日本株式会社オークション・ワールド (AUCTION WORLD CO., LTD.)；拍賣日期：2006 年 4 月 13 日；成交價：15.6 萬日元。

資料來源

https://www.auction-world.co/

【圖 43】新朝王莽「中泉三十」（VF，直徑 20mm）。拍賣公司：澳大利亞 Noble Numismatics Pty Ltd；拍賣日期：2006 年 7 月 27 日；成交價：500 澳元。

資料來源

https://www.noble.com.au/

六泉中小泉直一、大泉五十存世量豐，其他 4 泉均罕見，尤以壯泉四十為最為珍稀，昔被列為古泉五十名珍之一；十布仿先秦貨幣平首布而鑄，其中最大最重的「大布黃千」一枚即可兌換 1000 枚小泉直一，相對存世量較多，其他 9 布均罕見，其中尤以第布八百，是十布中最珍罕的品種。六名中的金貨、銀貨、龜貨、貝貨共十二品，今均已佚失。

【圖 44】新朝王莽「壯泉四十」（VF，直徑 23mm）。拍賣公司：澳大利亞 Noble Numismatics Pty Ltd；拍賣日期：2009 年 7 月 22 日；成交價：800 澳元。

資料來源
https://www.noble.com.au/

【圖 45】新朝王莽「小布一百」（VF-）。拍賣公司：日本銀座コインコイン (GINZA COINS CO.)；拍賣日期：2014 年 11 月 22 日；成交價：8 萬日元。

資料來源
https://shop.ginzacoins.co.jp/

【圖 46】新朝王莽「么布二百」（VG，長 37.8mm，重 6.5g）。拍賣公司：日本株式会社オークション・ワールド (AUCTION WORLD CO., LTD.)；拍賣日期：2011 年 6 月 12 日；成交價：14 萬日元。

資料來源
https://www.auction-world.co/

【圖 47】新朝王莽「幼布三百」（F，7.54g）。拍賣公司：日本銀座コインコイン (GINZA COINS CO.)；拍賣日期：2012 年 11 月 17 日；成交價：5.5 萬日元。

資料來源 https://shop.ginzacoins.co.jp/

【圖 48】新朝王莽「序布四百」（VF，長 60mm，寬 24mm）。拍賞公司：澳大利亞 Noble Numismatics Pty Ltd；拍賣日期：2017 年 3 月 31 日；成交價：2100 澳元。

資料來源 https://www.noble.com.au/

【圖 49】 新朝王莽「差布五百」（重 8.83g）。拍賣公司：西班牙 Aureo & Calicó S.L.；拍賣日期：2020 年 2 月 12 日；成交價：550 歐元。

資料來源

https://www.numisbids.com/

【圖 50】 新朝王莽「中布六百」（F+，重 8.52）。拍賣公司：日本銀座コインコイン (GINZA COINS CO.)；拍賣日期：2012 年 11 月 17 日；成交價：13 萬日元。

資料來源

https://shop.ginzacoins.co.jp/

【圖 51】 新朝王莽「壯布七百」（F）。拍賣公司：日本コインオークション (NIHONCOIN-AUCTION Inc.)；拍賣日期：2017 年 7 月 30 日；成交價:6.5 萬日元。

資料來源

https://www.ncanet.co.jp/

【圖 52】 新朝王莽「第布八百」（VG，長 58mm，重 10.8g）。拍賣公司：日本オークション・ネット (AUCTION-NET Inc.)；拍賣日期：2017 年 12 月 3 日；成交價：30 萬日元。

資料來源 http://www.auction-net.com/

【圖 53】 新朝王莽「次布九百」（VG，重 12.57g）。拍賣公司：美國 Stephen Album Rare Coins；拍賣日期：2020 年 7 月 25 日；成交價：2400 美元。

資料來源 https://www.numisbids.com/

● 第 4 次，天鳳元年（14 年）：廢除之前發行的各種錢幣，新鑄「貨泉」、「貨布」，貨布重二十五銖，貨泉重五銖，一枚貨布可以兌換二十五枚貨泉，不是五枚，真是荒唐至極！這一次無疑是對前三次改革的修正版，貨泉就是五銖的翻版，只是錢文不同，貨泉、貨布鑄造精美，但存世量均豐。

王莽四次大規模的幣制改，其原因、具體內容及結果，都詳載於東漢班固所著《漢書》：《王莽傳》及《食貨志》中，食貨二字語出《尚書洪範》八政：「一日食、二日貨……」。《史記·平准書》最先談到食貨，而《漢書》是第一本正式以及食貨志為篇名的史書，其後中國紀傳體史書中，均專闢食貨志篇名，以反映「歷代農業生產、副業生產及商品貨幣經濟的發展和變化」。以往凡研究王莽貨幣改革者，無不通過《漢書》，歸結王莽除了出於「托古改制」外，還有積極「去劉化」，削弱劉漢舊勢力，搜刮民間財富，以補財政空虛之目的。

然而近代也有人認為王莽許多的改革，並非「烏邦托」式、而是「超時代」的，只是生不逢時、改革失敗。例如，著名學者胡適曾說：

「王莽是中國第一位社會主義者。」

他認同改革中的「土地國有、均產、廢奴」三大政策。另外，王莽雖然藉由姑媽王政君的裙帶關係，一步步登上權力高峰，但他最終畢竟是有自己的政治理想、靠自己的政治實力，通過「禪讓」方式，和平成功稱帝、轉移政權。

王莽究竟是「偽君子」、「逆臣賊子」，還是「時空穿越者」？自有史學家公評；但他屢次反復改變幣制，刀幣、布貨、泉貨等，名目繁多、換算複雜。貨幣的不穩定，已經造成了社會和經濟的極大混亂，正如《漢書·王莽傳》所言「農商失業，食貨俱廢，民涕泣於市道」；雖然在第四次改革中，王莽已經默認並修正了前次三次的錯誤，但為時已晚，最後成為新朝急速滅亡的要因之一；而多次幣制改革的失敗，遺留給後人，中國錢幣史上的一朵奇葩「新莽錢」，應都是不爭的事實。

五代十國銅錢，短命王朝下的亂世名珍

　　五代十國上承隋唐、下啟兩宋，通常是指後梁太祖朱溫，弒殺了唐昭宗及九皇子，又誅殺「衣冠清流」朝臣三十餘人、投屍於河，史稱「白馬驛之禍」後，於公元907年稱帝滅唐，到「陳橋兵變，黃袍加身」的宋太祖趙匡胤，於公元960簒后周建立北宋。

　　這段期間藩鎮割據，戰亂不斷、政權更迭頻繁，在中原地區的五個朝代，史稱五代，指的是後梁、後唐、後晉、後漢、後周；中原地區以外，同一時間相繼出現了，前蜀、後蜀、南吳、南唐、吳越、南閩、南楚、南漢、南平、北漢，史稱十國。古代兒童啟蒙讀物《幼學》裏就用，「紛紛五季，八姓十三君；莽莽羣雄，九州數十主」四句話，來說明紛亂的五代十國。

　　北宋建立之時，十國中仍有後蜀、南唐、吳越、南漢、南平、北漢等地方政權，趙匡胤採納趙普，這位自稱以「半部《論語》治天下」，北宋初年曾「三度拜相」的開國元老，其「先南後北、先易後難」之策略，逐一平定了包括「千古詞帝」李後主的南唐在內之南方諸國；十國中唯一在北方的北漢，最後亦於宋太宗趙光義太平興國四年（979年）被滅，十國正式結束、走入歷史。

　　五代各國國祚甚短，最長的後梁也僅16年，相對十國各國享國較久，最短的由王建所建前蜀也有18年，其中由錢鏐所建的吳越最久，共72年。據說古代另一本兒童啟蒙讀物《百家姓》的作者，是位北宋初年吳越國的「小民」（沒有什麼名氣地位的讀書人之意），百家姓開頭四姓依次為「趙、錢、孫、李」，宋朝皇帝姓趙，順理成章排第一，之所以將錢姓，排在趙姓之後的第二位，就是因為吳越國君姓錢的原故，吳越國的末代國君錢俶的正妃姓孫，故孫排第三，與吳越國相鄰的南唐國君為李姓，所以排第四。

　　五代十國政權，除了十國中吳越、南平、北漢沒有鑄錢外，其餘每一

個政權雖然大多短命,卻都發行了自己的貨幣,各政權自鑄外,民間私鑄亦猖狂。

之前曾多次談到,中國錢幣中的「古泉五十名珍」,僅短短七十多年歷史的五代十國貨幣,竟有高達 13 個品種名列其中,占 1/4 強,這些倍受推崇的珍罕古錢分別是:1)後梁太祖朱溫鑄「開平通寶、開平元寶」,2)後唐明宗李嗣源鑄「天成元寶」,3)前蜀高祖王建鑄「永平元寶」,4)南閩王延政鑄「天德重寶」,5)南楚王馬殷鑄「天策府寶」,6)南楚王馬殷鑄「乾封泉寶」,7)後蜀孟昶鑄「廣政通寶」,8)後蜀高祖孟知祥鑄「大蜀通寶」,9)南唐中主李璟鑄「保大元寶」,10)南唐中主李璟鑄「永通泉貨」,11)南唐烈祖李昪鑄「大齊通寶」,12)南漢高祖劉龑鑄「乾亨通寶」,13)桀燕劉仁恭、劉守光鑄「永安一十、五百、一千」。

五代,幾乎仍是延續唐朝幣制

第二章「海外淘寶 - 解析與優惠」中曾提過,開元通寶基本上為唐代以後歷朝銅錢鑄造的標準,包括錢幣形制、錢文模式、十進位重量衡法錢,沿襲近 1300 年,歷史意義重大。中原地區的五代政權,基本上還是在維繫唐朝幣制,後梁、後唐、後晉均曾延用開元通寶,後漢、後周錢也是仿開元通寶製作。

五代十國 13 名珍中,屬於五代的僅有後梁太祖朱溫鑄的「開平通寶、開平元寶」,及後唐明宗李嗣源鑄的「天成元寶」;這三種存世量極罕的名珍,造假贗品也特別多,我曾在澳洲及德國驚見它們在拍賣之列,經仔細比對後,發現錢文書體及風格與錢譜所載相去甚遠,認定是後鑄仿品無誤,唯數年前在日本東京,見過一枚真品「天成元寶」[圖54]成交拍出。

【圖 54】後唐明宗李嗣源「天成元寶」(直徑 23.6mm,重 5.3g).拍賣公司:日本株式会社オークション・ワールド (AUCTION WORLD CO., LTD.);拍賣日前:2013 年 12 月 8 日;成交價:140 萬日元。

資料來源
https://www.auction-world.co/

129

　　鑄造天成元寶的後唐明宗李嗣源，讓我直覺想到，小時候看過的一部電影及港劇「十三太保」。歷史上真實版的十三太保，是指唐末黃巢之亂，受敕勤王、收復國都長安居首功，外號「獨眼龍」的沙陀族人（中國北方少數民族，原名處月，西突厥別部）晉王李克用，他十三個驍勇善戰的兒子而得名；十三太保中，三太保李存勗為李克用親生，也是他的接班人，其他十二人都是義子，而李嗣源就是排名第一的大太保。

　　李存勗繼承父業、襲任晉王，於公元923年稱帝，改元同光，定國號為唐，史稱後唐莊宗；同年十月滅后梁，後滅前蜀，同光四年（公元926年），於「興教門之變」中被殺，之後李嗣源掌權稱帝，改元天成。其實十三太保中名氣最大的並非大太保李嗣源，或三太保李存勗，而是排名第十三的李存孝，不論是電影、電視劇，或是《殘唐五代史演義》這類章回小說，無不以這位天生神力，攻無不克，戰無不勝的「飛虎將軍」為主角；李存孝後來遭人離間，被李克用以車裂（俗稱五馬分屍）酷刑處死，結束了殘唐五代第一猛將的一生。近年網上幾位古泉博友如北國盈泉、建國通寶、京川游俠，紛紛展出折五、折十等，小平以外不同形制的天成元寶，我堅信不久將來，一定會有更科學的方法來鑑定、證明古泉真偽，屆時希望有更多的天成元寶問世。

　　五代當然也有些存世量較多的錢幣，如後晉的「天福元寶」，後漢的「漢元通寶」、後周的「周元通寶」等。其中與唐初開元通寶相似的周元通寶，據史載是周世宗柴榮在缺銅之下，毀佛所鑄之錢，本來滿朝文武一致反對此舉，周世宗以佛經「捨身飼虎」的典故駁斥，佛祖救虎真身可毀，鑄錢利人利世，何以會捨不得銅像？反對者無言以對；此錢鑄造精美，傳說可祛病鎮邪，愛好者眾。

十國珍罕錢幣，古泉中密度最高

　　十國各政權更迭頻繁，錢幣種類雖多，但因流通時極短，有幸留存至今的少之又少，成為泉史上名珍問世密度最高時期，自然就成為古今泉界

收藏熱門。

　　十國的貨幣特徵就是：1）鑄大錢、2）鑄賤金屬貨幣如鐵錢、錫錢、鉛錢等。大額錢在唐肅宗乾元年間曾短暫發行，整個唐朝基本上一直行用小平錢，而十國鑄錢多為大錢；同時為了吸收銅錢及金銀，減弱他國影響力，刷存在感，南方諸國大鑄鐵錢、鉛錢等，展開了錯綜複雜的貨幣戰，幾近瘋狂。

【圖55】前蜀高祖王建「永平元寶」（VG，直徑24.3mm，重5.1g）。拍賣公司：日本株式会社オークション・ワールド（AUCTION WORLD CO., LTD.）；拍賣日前：2010年6月6日；成交價：78萬日元。

資料來源

https://www.auction-world.co/

　　屬於十國的11名珍中，南楚王馬殷鑄「乾封泉寶」，後蜀高祖孟知祥鑄「大蜀通寶」，南唐烈祖李昪鑄鐵「大齊通寶」，均屬特珍級，近期海外沒有拍賣記錄。其中前蜀高祖王建鑄「永平元寶」[圖55]，隸書旋讀、鑄工不精、面文粗糙；南漢高祖劉龑鑄的「乾亨通寶」[圖56]，隸書對讀，制作不工整，兩枚存世雖不多的小平銅錢，在海外市場倒是偶可遇見。

　　另外，寥若晨星、素為泉界所重的南閩王延政鑄「天德重寶」[圖57]，南楚王馬殷鑄「天策府寶」[圖58]，後蜀孟昶鑄「廣政通寶」[圖59]，數年前均曾在日本東京曇花一現。公元943年王延政在建州稱帝，改國號「閩」為「殷」，建元「天德」；天德重寶背殷，即見證了此段閩國歷史，該幣鑄造精良，文字渾厚古樸，之後王延政又恢復國號「閩」，於天德三

【圖56】南漢高祖劉龑「乾亨通寶」（F）。拍賣公司：美國Stack's Bowers and Ponterio；拍賣司：2020年10月9日；成交價：280美元。

資料來源

https://www.numisbids.com/

【圖57】南閩王延政「天德重寶」背「殷」（直徑31.3mm，重13.4g）。拍賣公司：日本株式会社オークション・ワールド (AUCTION WORLD CO., LTD.)；拍賣日前：2015年6月7日；成交價：120萬日元。

資料來源

https://www.auction-world.co/

【圖58】南楚王馬殷「天策府寶」光背（直徑42.5mm，重36.8g）。拍賣公司：日本株式会社オークション・ワールド (AUCTION WORLD CO., LTD.)；拍賣日前：2013年6月9日；成交價：260萬日元。

資料來源

https://www.auction-world.co/

【圖59】後蜀後主孟昶「廣政通寶」（直徑24.1mm，重3.8g）。拍賣公司：日本株式会社オークション・ワールド (AUCTION WORLD CO., LTD.)；拍賣日前：2012年12月9日；成交價：20萬日元。

資料來源 https://www.auction-world.co/

年（公元945年），閩在內戰時，被南唐所滅，天德重寶因流通時間甚短，早為古泉大名譽品。

公元911年，楚王馬殷受後梁太祖朱溫冊封為天策上將軍，建「天策府」，為紀念此事而鑄「天策府寶」，背文多有「天、策、天策、天府」等字。歷史上第一個被封為天策上將軍的，就是大名鼎鼎的唐太宗李世

民，終唐一朝，也只有他一人受此殊榮封號，而其「天策府」成員，如杜如晦、房玄齡、李靖、尉遲敬德、秦瓊、長孫無忌等，日後許多成為大唐名相良將。馬殷雖無唐太宗之豐功偉業，然所建楚國乃史上唯一以湖南為中心建立的王朝，史稱「馬楚（南楚）」，所鑄「天策府寶」大錢，亦是有史以來唯一的一種紀府錢幣，自古即為大珍、名留泉史。

後蜀是孟知祥所建立的政權，又稱「孟蜀」，定都成都，孟知祥鑄有之前提過的名珍「大蜀通寶」，他在位半年後病亡，其子後主孟昶即位，鑄「廣政通寶」，至今存世稀少、得之不易。

南唐是十國中版圖最大，是五代十國中鑄錢最多的政權，更是李後主李煜絕命詞《虞美人》中千古名句，「小樓昨夜又東風，故國不堪回首月明中」所指的故國。

南唐未建國之前，李煜的祖父徐知誥（後改名李昇）建國「大齊」、鑄「大齊通寶」，此枚近乎孤品的名珍，正是之前在第二章提過，晚清江南名士戴熙所藏「缺角大齊」，和民國名收藏家張叔馴所藏「四眼大齊」的故事主角。戴熙鍾愛左上方缺了一角的大齊通寶，當太平軍攻進杭州，戴熙將它深埋地下後、投水自盡，後來有人爭相購買他的舊宅、掘地尋寶，然始終無所獲，從此缺角大齊迭失。

民國初年泉學家戴保庭，在農村無意間發現，兒童踢的毽子是大齊通寶做的，因被鑽了四個孔，所以稱為「四眼大齊」，這枚傳奇的名珍，後為民國著名泉藏家張叔馴收藏，並從此自號「齊齋」，據說此錢幾經輾轉，現藏於美國戴吉濤基金會。有文人故事的附會，讓本已彌足珍貴的大齊通寶，更具傳奇色彩，成為中國泉史上最負盛名的小銅錢。

李後主的父親南唐中主李璟，長於填詞，同是中國歷史上著名的帝王詞人，亦鑄有名珍「保大元寶」及「永通泉貨」。保大元寶[圖60]錢文楷書雄健、形制朴拙，一般認為是南楚馬希萼奉南唐為正朔時所鑄，正面用南唐「保大」年號，背「天」字，保留了南楚鑄舊制，存世罕見。永通泉貨分為楷書[圖61]、篆書[圖62]兩種，鑄期僅半年，同樣傳世極少。

【圖60】南唐中主李璟「保大元寶」背「天」（直徑33.1mm，重13.8g）。拍賣公司：日本株式会社オークション・ワールド (AUCTION WORLD CO., LTD.)；拍賣日前：2012年12月9日；成交價：240萬日元。

資料來源 https://www.auction-world.co/

【圖61】南唐中主李璟「永通泉貨」楷書（G~VG，直徑38.6mm，16.2g）。拍賣公司：日本オークション・ネット (AUCTION-NET Inc.)；拍賣日期：2019年12月8日；成交價：60萬日元。

資料來源 http://www.auction-net.com/

【圖62】南唐中主李璟「永通泉貨」篆書（VF，直徑33.8mm，15.35g）。拍賣公司：日本コインオークション (NIHON-COIN-AUCTION Inc.)；拍賣日期：2017年12月10日；成交價：25萬日元。

資料來源 https://www.ncanet.co.jp/

　　桀燕為五代十國初期，屬於盧龍節度使劉仁恭，盤據在今北京和河北北部的地方政權，其子劉守光後稱帝，國號「大燕」，定都城為幽州（今北京），僅兩年，於公元913年為李存勗所滅，由於劉守光殘暴不仁，因此大燕又被稱為「桀燕」，歷史上並未列其於五代十國中。劉仁恭驕奢淫逸，揮霍無度，赤裸裸的搜刮百姓錢財，史無前例地竟用泥巴做錢，為中國錢幣史上寫下最荒唐的一頁。

　　其子劉守光貪婪昏庸之程度，卻有過之而無不及，所鑄「應天元寶」

背「萬」，更創下史上方孔圓錢面
值的最高記錄，一枚一萬的虛值大
錢，恐怕連王莽都自嘆弗如。永安
系列大錢包括「永安一十、一百、
五百、一千」，應是劉氏父子最具
代表性的鑄錢，其中永安一百較為
多見，其他均為罕見名珍，僅永安
一千[圖63]，近期在日本有過拍賣記
錄。劉守光鑄「應天元寶」背「萬」、
「乾聖元寶」背「百」、「應聖元寶」
背「拾」，亦均是大錢，雖未列入
古泉五十名珍，但傳世極少，全是
極罕珍稀的古銅錢，近期海外均無
拍賣記錄。劉氏父子歷史上聲名狼

【圖63】桀燕劉仁恭、劉守光「永安
一千」（VF，直徑48mm，重40.21g）。
拍賣公司：日本株式会社オークション・
ワールド (AUCTION WORLD CO., LTD.)；
拍賣日前：2019年4月20日；成交價：
88萬日元。

資料來源 https://www.auction-world.co/

籍，然桀燕鑄錢，如今幾乎件件是泉界珍寶，實在是始料未及！

　　五代十國錢幣大珍，泉家趨之若鶩，在海外尤其歐洲、澳洲，在錢幣
拍賣商把關不太嚴謹的狀況下，贋品、後仿出視頻率高，一不小心就會「吃
到蒼蠅」，不得不慎！

少數民族政權鑄行的珍罕錢

　　五代十國時期的分裂、戰亂，朝代更替頻繁，這一時期銅錢大錢多、
工藝粗、存世少，名珍出現密度、歷代之冠。當「臥榻之側，豈可許他人
鼾睡」的宋太祖，及後繼的宋太宗，用了近二十年時間，才逐步終結了五
代十國亂世，同時也開創了鑄幣史的巔峰時期。

　　宋錢無論是數量還是質量，都遠超前代，除了工藝水平高、幣材多樣、
面額繁雜、寶文不一、錢文書體豐富外，就是盛行年號錢，兩宋歷時319

年、18 帝、57 個年號，其中就有 43 個鑄有年號錢，宋錢絕對是中國錢幣史上最複雜的時期[註6]。宋錢版本眾多，並不是沒有珍罕品種，但因發行量極大，宋錢出土量也最大，存世量自然特多，除了少數如北宋的「建國通寶」、「靖康通寶」、「靖康元寶」，南宋的「臨安府行用」銅牌外，一般如不對宋錢版別有特別研究，很難一眼辨識名珍。

雖說知名品種，如宋徽宗趙佶御書瘦金體，號稱古泉最美筆體的「大觀通寶」、「崇寧通寶」，如果不收藏的話，好像就稱不上泉友，然其市場價格並不高，即因存世量極大的原故。如在「第二章 海外淘寶 - 解析與優惠」中提到，宋錢甚至明錢、清錢，因為版本複雜，且一般普通版存世量大，少數需靠眼力方能辨識的珍罕版，儼然已成海外最佳撿漏區塊。相較兩宋同時期，遼、西夏、金，及後來的元朝，幾個少數民族政權所鑄錢幣，有的民族色彩濃厚、有的錢文規整精美，其中許多品種存世量稀，反而是海內外淘寶大熱門。

契丹族，一幣難求的遼「上八品」

遼國（907 年 - 1125 年）建國比北宋還早，由契丹族建立的王朝。公元907年遼太祖耶律阿保機成為契丹部落聯盟首領，公元916年稱帝建國，國號「契丹」，之後其子遼太宗耶律德光，改國號為「大遼」，共傳九帝，後為金所滅，享國 218 年。

契丹原是生活在中國東北部草原的遊牧民族，它崛起於唐朝晚期，強盛於五代十國、北宋時期。蒙古人稱中國北方為契丹，隨其建立的「欽察汗國」，一般稱為「金帳汗國（Golden Horde）」，將契丹一詞帶到歐洲之後，西方遂以契丹（當時用的中古英語「Cathay」）泛稱整個中國，今天的香港「國泰航空（Cathay Pacific）」，延用的就是這個英文單字；相傳哥倫布十五世紀末航海的目的，也是為了找尋傳說中的契丹。

註 6. 戴志強編著：《錢幣鑒定》，吉林出版集團有限責任公司，2010 年 6 月，頁 88。

　　契丹族開始並不用錢，立國後最初使用中原地區的貨幣，後來雖開始自己鑄幣，除了極少數特例，如「天朝萬順」錢用契丹文外，幾乎都以漢文為錢文；因鑄幣技術欠佳，遼錢素有「七扭八歪、拙劣粗糙」之名。

　　一般遼錢以遼聖宗耶律隆緒的年號「統和」為界，有遼「上八品」和「下八品」之分；通常上八品指的是統和之前，遼代早期鑄行的八種錢幣：遼太祖耶律阿保機鑄「神冊通寶」、「天贊通寶」，遼太宗耶律德光鑄「天顯通寶」、「會同通寶」，遼世宗耶律阮鑄「天祿通寶」，遼穆宗耶律璟鑄「應曆通寶」，遼景宗耶律賢鑄「保寧通寶」，遼聖宗耶律隆緒鑄「統和元寶」；因存世極少，除「統和元寶」[圖64]偶爾可見，其他個個珍罕難覓，近期海外均無拍賣成交紀錄。

　　遼上八品幾乎個個是名珍，價格不菲、一幣難求，這幾年仿制的上八品銅錢，尤其在歐洲及澳洲，也有越來越常見的現象。

　　下八品指的是，統合之後遼代後期所鑄八種錢幣：遼興宗耶律宗真鑄「重熙通寶」，遼道宗耶律洪基鑄「清寧通寶」、「咸雍通寶」、「大康通寶」、「大安元寶」、「壽昌元寶」，遼天祚帝耶律延禧鑄「乾統元寶」、「天慶元寶」，因鑄行量大，存世均較豐。

　　鑄「統和元寶」的遼聖宗耶律隆緒，大家或許並不熟悉，但若提他的母親「蕭太后」，就不會太陌生了，京劇《四郎探母》、電影《楊家將》、電視劇《楊門女將》，歌仔戲、布袋戲、豫劇、說書、歷史小說，處處都

【圖 64】遼聖宗耶律隆緒「統和元寶」（G~VG，直徑 25mm，重 3.8g）。拍賣公司：日本オークション・ネット (AUCTION-NET Inc.)；拍賣日期：2019 年 12 月 8 日；成交價：35 萬日元。

資料來源　http://www.auction-net.com/

有這位奇女子的身影。

正史上的蕭太后，本名蕭綽（公元 953 年－ 1009 年），小字燕燕，出生於遼國貴族，她十六歲被選入宮，不久後就被冊立為遼景宗耶律賢的皇后，二年後生皇子耶律隆緒；遼景宗因病不能臨朝，以致軍國大事多取決於皇后蕭綽，公元 982 年遼景宗駕崩，耶律隆緒即位是為遼聖宗，年號統和，僅十二歲，皇后奉遺詔攝政，開始長達 27 年的臨朝攝政生涯，蕭太后時年也僅有三十。

蕭太后雖是女子，卻是遼國二百多年歷史中，貢獻卓著的政治家、軍事家和改革家。在她輔政、攝政期間，先是成功阻擋了宋太宗兩次北伐，企圖收復五代後晉「兒皇帝」石敬塘，割讓給遼的「燕雲十六州（幽、薊、瀛、莫、涿、檀、順、雲、儒、媯、武、新、蔚、應、寰、朔十六個州城）」。

第一次在遼景宗保寧十一年（公元 979 年，北宋太平興國四年），遼軍大敗宋軍於高粱河（今北京西直門外），宋太宗屁股中箭無法騎馬，駕驢車狼狽逃跑，史稱「高粱河之戰」；第二次在遼聖宗統和四年（公元 986 年，北宋雍熙三年），宋兵分三路大舉攻遼，史稱「雍熙北伐」，蕭太后親自謀劃部署，兵分三路迎戰，結果大勝，宋軍撤退中致使斷後的名將楊業被圍，經孤軍奮戰負傷被俘，拒降絕食，最後壯烈犧牲。爾後一些章回小說、話本、戲劇，以這段宋遼戰史為背景，歌頌楊家效命沙場、保家衛國的故事，雖然楊家將中諸多人物及內容是虛構或加工的，但楊家將忠烈事跡在民間已廣為流傳，至今婦孺皆知。

蕭太后成功阻擋「雍熙北伐」後，對宋戰略漸轉守為攻，除了軍事日漸強盛，遼國政經也逐步進入鼎盛。統和二十一年（1003 年），蕭太后與遼聖宗率軍大舉攻宋，意圖收復關南十縣，起初連戰皆捷，宋廷朝野震動，宋真宗趙恒畏敵，欲遷都南逃，在同平章事寇準等人力諫下被迫「御駕親征」，宋真宗登上澶州（今河南濮陽，宋朝稱澶淵郡）北城門樓以示督戰，宋軍士氣大振，從而穩定軍心，挫敗了遼軍的進攻，最終雙方於統和二十二年十二月初九（1005 年 1 月 21 日）訂立「澶淵之盟」。

宋遼約為兄弟之國,遼聖宗耶律隆緒稱宋真宗趙恒為兄,趙恒則稱蕭太后為叔母,宋每年納遼歲幣銀 10 萬兩、絹 20 萬匹,宋遼以白溝河為邊界。如果澶淵之盟對宋朝而言是「花錢買太平」,喪權辱國訂的「城下之盟、春秋之恥」,那對遼國而言就應是美事一樁,後人可從不同角度來評論這段歷史,但它的確終結了宋遼之間二十五的戰爭,並維持了雙方百年之和平。

蕭太后不僅打仗、治國一流,與遼國重臣韓德讓,完美的「第二春」,是歷史上所有掌握最高政治權力的女人難以奢望,兩人「執子之手,與子偕老」的真愛,無疑是寫古代愛情故事的最佳題材。

統和二十七年(1009 年),蕭太后歸政於遼聖宗耶律隆緒後,不久病逝,享年五十七歲。遼聖宗被契丹人稱為「小堯舜」,是契丹族的英雄,也是遼國的一代明君,足見蕭太后在兒子的教育養成上也是非常成功。這枚「統和元寶」小平銅錢,是否也讓你感受到蕭太后賢淑卓越的一生?

黨項族,民族色彩濃厚的西夏錢

西夏(1038 年 - 1227 年)是黨項族(屬西羌族的一支)建立的王朝。唐末黃巢之亂,黨項族宥州刺史拓跋思恭奉敕勤王有功,封夏國公,賜姓李,從此黨項拓跋氏有了自己的領地,後經過五代十國,到北宋初年,成為雄據西北的一方霸主。

說到西夏,人們直覺想到的,應該是就於公元 1038 年稱帝建國的景宗李元昊。「志在王霸、為帝圖皇」的他,憑藉祖父李繼遷及父親李德明建立的基業,即位後立馬推翻其父奉行「聯遼睦宋」之策,直接叫板宋朝,在公元 1040 年到 1042 間,西夏成為北宋的夢魘。他發動了至少三次大規模的戰事:「三川口之戰(今陝西延安附近)」、「好水川之戰(今寧夏隆德西北)」、「定川寨之戰(今寧夏固原西北)」,且三戰皆勝。

公元 1044 年(北宋仁宗慶曆四年,西夏天授禮法延祚七年),雙方達成協議,暫時結束戰爭,兩國設立「榷場(交界地區所設的互市市

場）」，西夏向北宋稱臣，但北宋每年給西夏歲幣銀 5 萬兩，絹 13 萬匹，茶 2 萬斤；此外，每年各種節日多加銀 2.2 萬兩，絹 2.3 萬匹，茶 1 萬斤，史稱《慶曆和議》。同年，李元昊在「河曲之戰（今內蒙伊克昭盟）」，又大敗御駕親征的遼興宗，從此西夏先期和北宋、遼，後期和南宋、金，鼎足而立了 180 多年，西夏相傳十帝，後為元所滅。

【圖 65】西夏毅宗李諒祚「福聖寶錢」西夏文（VG~F，直徑 24.9mm，重 4.7g）。拍賣公司：日本株式会社オークション・ワールド（AUCTION WORLD CO., LTD.）；拍賣日期：2010 年 6 月 6 日；成交價：34 萬日元。

資料來源 https://www.auction-world.co/

　　西夏錢的形制深受宋錢影響，一般形式規整、錢文尚算精美，有西夏文錢和漢文錢兩種；目前西夏文錢已經發現有五種：西夏毅宗李諒祚鑄「福聖寶錢」[圖65]、西夏惠宗李秉常鑄「大安寶錢」[圖66]、西夏崇宗李乾順鑄「貞觀寶錢」、西夏仁宗李仁孝鑄「乾祐寶錢」[圖67]、及西夏桓宗李純佑鑄「天慶寶錢」[圖68]，均為小平銅錢，屬於珍罕的古錢幣，其中尤以存世鳳毛麟角的「貞觀寶錢」為最，海外近期無拍賣成交紀錄，其他則偶爾可見。

【圖 66】西夏惠宗李秉常「大安寶錢」背「月」西夏文（VF，直徑 26.2mm，重 5.2g）。 拍賣公司：日本オークション・ネット（AUCTION-NET Inc.）；拍賣日期：2019 年 12 月 8 日；成交價：17.5 萬日元。

資料來源

http://www.auction-net.com/

　　西夏漢文錢目前已經發現有九種，這些錢幣的書體大多為楷書，書法俊逸流暢，其中西夏崇宗李乾順鑄「元德重寶」折二錢、「大德通寶」，及西夏惠宗李秉常鑄「大安通寶」，均存世極罕，可惜海外近期無拍賣成

【圖 67】西夏仁宗李仁孝「乾祐寶錢」
西夏文（VF，直徑 24.3mm，重 3.8g）。
拍賣公司：日本株式会社オークショ
ン・ワールド (AUCTION WORLD CO.,
LTD.)；拍賣日期：2010 年 6 月 6 日；
成交價：32 萬日元。

資料來源 https://www.auction-world.co/

【圖 68】西西夏桓宗李純佑「天慶寶錢」
西夏文（VF，直徑 23.9mm，重 4.3g）。
拍賣公司：日本株式会社オークショ
ン・ワールド (AUCTION WORLD CO.,
LTD.)；拍賣日期：2010 年 6 月 6 日；成
交價：19 萬日元。

資料來源 https://www.auction-world.co/

交紀錄。西夏崇宗李乾順另鑄「元德通寶」[圖 69] 及 西夏仁宗李仁孝鑄「乾
祐元寶」[圖 70] 兩種小平錢，均屬珍罕品，海外拍賣偶見。其餘四種小平
錢，、西夏仁宗李仁孝鑄「天盛元寶」、西夏桓宗李純佑鑄「天慶元寶」、
西夏襄宗李安全鑄「皇建元寶」、及西夏神宗李遵頊鑄「光定元寶」，相

【圖 69】西夏崇宗李乾順「元德通寶」
（直徑 24.8mm，重 3.3g）。拍賣公司：
日本株式会社オークション・ワールド
(AUCTION WORLD CO., LTD.)；拍賣日期：
2011 年 12 月 10 日；成交價：32 萬日元。

資料來源 https://www.auction-world.co/

【圖 70】西夏仁宗李仁孝「乾祐元寶」
（VF）。拍賣公司：日本銀座コイン
(GINZA COINS CO.)；拍賣日期：2019
年 2 月 10 日；成交價：2 萬日元。

資料來源 https://shop.ginzacoins.co.jp/

對存世量較多。

西夏文錢是泉史上最早非漢文錢幣之一，西夏文是黨項族的文字，又名「河西字、番文、唐古特文」，乃景宗李元昊正式稱帝前，命大臣野利仁榮所創。李元昊雖未用自己的年號鑄過錢，然傳世的西夏文錢，在西夏語言已失傳的今天，更顯珍貴。

西夏文錢讓我想到李元昊及他一生最敬重的對手——范仲淹，這位朱熹評為「天地間氣，第一流人物」，「腹中有數萬甲兵」的「小范老子」，在李元昊氣吞山河如虎之時，以「淺攻進築（以屯墾築寨為主，減少大規模的軍事動作）」的戰略，讓李元昊止步西北，再難越雷池一步。如今重讀范仲淹寫的千古名文《岳陽樓記》時，開頭第一句「慶曆四年春，滕子京謫守巴陵郡」，吸引了我的目光，這裡的慶曆四年（公元 1044），不就是李元昊大敗遼興宗，和宋簽訂《慶曆和議》，讓西夏能鼎立於遼宋兩大國之間的關鍵之年。此刻品讀范仲淹當初臨危受命，派往西夏前線擔任戍邊帥臣時，寫下的《漁家傲 . 秋思》：

「塞下秋來風景異，衡陽雁去無留意。四面邊聲連角起，千嶂里，長煙落日孤城閉。

濁酒一杯家萬里，燕然未勒歸無計。羌管悠悠霜滿地，人不寐，將軍白髮征夫淚。」

淒涼悲壯中，是否有些英雄、哲人日已遠的感傷？

女真族，玩家熱愛的精美金王朝錢

金國（1115 年 - 1234 年），由女真族在北方和東北地區建立的王朝，在「完美皇帝」金太祖完顏阿骨打稱帝起兵後，一路以少勝多、屢敗遼軍，此刻的北宋認為遼國氣數已盡，遂作出了一個極其愚蠢的決定，背棄宋遼百年「澶淵之盟」，主動提出聯金攻遼，承諾滅遼後，將每年給遼的歲幣轉給金，金則答應燕雲十六州歸宋，於公元 1120 年（宋徽宗宣和二年，金太祖天輔四年），雙方簽下軍事合作盟約，談判過程中因遼位處宋金之

間，陸上阻隔無法接觸，需經由海上往來，故史稱「海上之盟」。

宋依約出兵後一再失利，而金卻勢如破竹，於公元 1125 年（遼天祚帝保大五年，金太宗天會三年）滅了遼國，同時金也看透了北宋這隻「紙老虎」，之後僅用了兩年時間，於公元 1127 年（金天會五年，北宋靖康二年）又滅了北宋，就是史上著名的「靖康之變」。金後來又和宋徽宗第九子趙構建立的南宋、長期對峙，共傳十帝，享國 119 年，後被元所滅。

靖康之變之後，金宋兩邊對峙，在軍史上譜寫出岳飛、宗澤、韓世忠、吳玠、虞允文等名將，可歌可泣的抗金史。若從文化的角度觀之，靖康之變給中華大地帶來的卻是嶄新面貌，由於黃河、淮河流域地區完全由金國長期控制，中原文化與北方游牧文化，進行了更深層次的「混血融合」；同時，中原文化亦隨南宋而南移，促成了以閩北、贛南為中心的程朱理學，以蘇、杭為中心的江南文化，及以潮汕為中心的嶺南文化[註10]。

金朝錢幣深受宋朝影響，種類不多，但無論鑄量多寡，制作水平都極高，以精美著稱。目前發現的金早期鑄幣如金太祖完顏阿骨打的「天輔元寶」，金熙宗完顏合剌的「天眷通寶」、「天眷元寶」、「天眷重寶」、「皇統通寶」、「皇統元寶」，諸錢非常稀罕，有專家認為這些古錢人珍屬於試鑄錢，應該是當初鑄造量就極少，並未大量流通，近期海外未見拍賣成交紀錄。

靖康之變後北宋滅亡，金在中原地帶，先後扶植了兩個傀儡政權，史稱「偽楚」和「偽齊」。偽楚，國號「大楚」，簡稱「楚」，是金扶持原北宋太宰張邦昌所建立的短命政權，後世又稱「張楚」，僅存在了一個月的時間。偽齊，國號「大齊」，簡稱「齊」，是金扶持北宋降將，原濟南知府劉豫，在黃河以南建立的政權，年號「阜昌」，由公元 1130 年起至 1137 年被廢，歷時七年。劉豫鑄有小平「阜昌元寶」[圖71]、折二「阜昌通寶」[圖72]、折三「阜昌重寶」[圖73]，合稱「阜昌錢」，均有篆、楷兩

註 10. 韓晗：《讀錢記──誰把歷史藏在錢幣裡》，獨立作家，2016 年 4 月 1 日。

【圖71】金代偽齊劉豫「阜昌元寶」篆書（VG~F，直徑26mm，4g）。拍賣公司：日本オークション・ネット (AUCTION-NET Inc.)；拍賣日期：2019年4月15日；成交價：41.7萬日元。

資料來源　http://www.auction-net.com/

【圖72】金代偽齊劉豫「阜昌通寶」篆書（VG，直徑29.5mm，6g）。拍賣公司：日本オークション・ネット (AUCTION-NET Inc.)；拍賣日期：2018年12月2日；成交價：34萬日元。

資料來源　http://www.auction-net.com/

【圖73】金代偽齊劉豫「阜昌重寶」楷書（VG~F）。拍賣公司：澳大利亞 Status International；拍賣日期：2020年10月16日；成交價：4700澳元。

資料來源　https://www.numisbids.com/

種，且書法俊逸，鑄造精整，一般認為，這與劉豫掌握了北宋陝西錢監的鑄錢工藝技術有關，阜昌錢存世雖珍稀，然海外拍賣市場卻較常出現。

　　史書上第一次有明文記載的金國錢幣，是金海陵王完顏亮所鑄「正隆元寶」，雖然正隆元寶只用了三年多，但其存世量，與之後金世宗完顏雍所鑄「大定通寶」一樣，相對常見，然其中俗稱「五筆正隆」（正字分作五筆書寫）的版本[圖74]，較為珍稀，海外市場偶見品種。

　　金世宗完顏雍在位二十八年，內平契丹起義，公元1163年外拒南宋孝宗的「隆興北伐」，次年雙方簽訂《隆興和議》，維持了金宋四十餘

【圖 74】金海陵王完顏亮「正隆元寶」小平五筆正隆（VG ～ F，直徑 24.6mm，3.7g）。拍賣公司：日本オークション・ネット (AUCTION-NET Inc.)；拍賣日期：2019 年 12 月 8 日；成交價：8.8 萬日元。

資料來源 http://www.auction-net.com/

年的和平，金世宗勤政儉樸、輕賦重農、致力改革，創造了「大定盛世」，如同之前的遼聖宗，金世宗也被稱為「小堯舜」。世宗之子早逝，其後由孫子完顏璟繼位，是為金章宗，在位二十年，政治清明，完善法制，國庫充盈，史家評為「宇內小康」。金國在世宗、章宗治理之下的鼎盛時期，史稱「世章之治」。

金章宗鑄有楷書「泰和通寶」及篆書「泰和重寶」，泰和通寶、重寶書法精湛，鑄工精良，尤其泰和重寶，錢文玉箸篆（亦稱玉筯篆，箸即筷子，其書寫筆道，圓潤溫厚，形如玉箸，故名），為大書法家黨懷英所書，堪稱一絕。泰和錢精美，素為藏家追捧，其中除篆書「泰和重寶折十」存世稍多外，其餘均稀有。泰和通寶小平 [圖 75]、折二 [圖 76]、折三 [圖 77]，海外市場還爾有出現；然而「泰和通寶折十」、「泰和重寶折三」，及後來金衛紹王完顏永濟所鑄「崇慶通寶」、

【圖 75】金章宗完顏璟「泰和通寶」小平（G，直徑 24.8mm，重 3.8g）。拍賣公司：日本オークション・ネット (AUCTION-NET Inc.)；拍賣日期：2012 年 12 月 9 日；成交價：52 萬日元。

資料來源 http://www.auction-net.com/

【圖 76】金章宗完顏璟「泰和通寶」折二（F~VF）。拍賣公司：日本銀座コイン (GINZA COINS CO.)；拍賣日期：2014 年 11 月 22 日；成交價：12.5 萬日元。

資料來源 https://shop.ginzacoins.co.jp/

【圖 77】金章宗完顏璟「泰和通寶」折三（重 10.3g）。拍賣公司：德國 Emporium Hamburg；拍賣日期：2020 年 4 月 24 日；成交價：760 歐元。 資料來源 https://www.numisbids.com/

「崇慶元寶」、「至寧元寶」，金宣宗完顏珣所鑄「貞祐通寶」、「貞祐元寶」，均係頂級大珍。除「貞祐通寶」[圖 78]曾在日本出現過，其餘海外皆未見芳蹤。

【圖 78】金宣宗完顏珣「貞祐通寶」（華夏評級一級 72）。拍賣公司：日本株式会社オークション・ワールド (AUCTION WORLD CO., LTD.)；拍賣日期：2017 年 10 月 13 日；成交價：70 萬日元。

資料來源 https://www.auction-world.co/

蒙古族，彌足珍貴的元朝銅錢

元朝由大蒙古國衍生而來，談元朝錢幣之前，先較深入地了解大蒙古國，超過七十年的戰爭歲月，是如何先後滅了，當時中華大地上黨項族的西夏、女真族的金國，及漢族的南宋，玩元朝錢才更有味道、更具意義。

13 世紀初，鐵木真統一蒙古部落，於公元 1206 年（南宋開禧二年，金泰和六年）建立大蒙古國，尊汗號「成吉思汗」（Genghis Khan，意為「擁有海洋四方的大酋長」）。

建國後成吉思汗即開始征伐西夏、西遼、金等國，及帶領蒙古第一次西征（1219 年 - 1224 年），除了是軍事戰神外，在文治上實行千戶制，建立護衛軍，頒布《成吉思汗法典》，創制蒙古文字，採取「兼容並包」的宗教政策等，凝聚了蒙古，也締造了蒙古。

　　成吉思汗與嫡皇后孛兒帖共生四個兒子：長子朮赤、次子察合台、三子窩闊台、四子拖雷。他們隨其父東征西討，均為大蒙古帝國立下汗馬功勞，但兄弟鬩牆、爭奪大位，一直是任何帝國長治的隱憂，大蒙古國亦不例外。成吉思汗於 1227 年滅西夏前夕去世，結束了「一代天驕」壯麗非凡的一生。

　　三子窩闊台與四子拖雷較勁爭位後，由窩闊台繼任大汗，他繼續父業開疆闢土、南向伐金。當蒙軍步步逼近，金軍節節敗退之際，南宋似乎未從老祖宗北宋與金國的「海上之盟」中學到，「唇亡齒寒」的道理，竟又愚蠢地決定「聯蒙滅金」，以雪「靖康之變」的國恨。

　　先於南宋理宗紹定四年（1231 年），讓拖雷率領的蒙古兵，借道南宋慶元府（今陝西安康）南下，繞過金國「關河防線」，導致蒙軍在鈞州（今河南禹州）三峰山殲滅金兵主力，史稱「鈞州戰役」；後於紹定六年（1233 年），又出兵出糧，與蒙古軍合圍金哀宗於蔡州（今河南汝南），史稱「蔡州之戰」；於公元 1234 年，這一個非常容易記的年份，金哀宗自縊，金朝滅亡。

　　與虎謀皮的後果，就是成為老虎攻擊的下一目標，一心在擴大版圖的大蒙古國，滅金不久，在「端平入洛」（南宋趁蒙古北撤之機，出兵收復東京開封府、西京河南府、和南京應天府的軍事行動）事件後，蒙宋戰爭全面爆發，然而這一仗一打就打了 45 年（1235 年 - 1279 年）。蒙宋戰爭，由偏安一隅已久的南宋，對上如日中天、史上最強的蒙古鐵騎，出人意料之外，並未發生一面倒、不堪一擊的局面，反而是蒙軍先後發動了 3 次大規模戰爭，才好不容易才啃下南宋這塊硬骨頭。

- 第一次窩闊台攻宋（1235 年 - 1241 年），蒙宋激戰六年，包括窩闊台鍾愛的皇子闊出 (窩闊台三子)，也是他有意冊立的接班人，於公元 1236 年突然病死襄陽前線，此役雙方均傷亡慘重，暫且罷兵。
- 第二次蒙哥攻宋（1256 年 - 1259 年），公元 1259 年，蒙軍在合州（今重慶合川區）釣魚城下攻勢受阻，大汗蒙哥（拖雷長子）竟重傷戰

死，一說因病去世，史稱「釣魚城之戰」，蒙古軍遂撤軍北還。

● 第三次忽必烈南征（1267 年－1279 年），此役先是「襄陽之戰」，就打了近六年，隨著襄樊的陷落，南宋防禦體系崩潰。此前大汗忽必烈（拖雷四子），已於 1271 年（至元八年）將國號由「大蒙古國」改為「大元」。襄陽之戰後，元軍勢如破竹，公元 1279 年（南宋祥興二年，元至元十六年），宋元兩軍於崖山（今廣東江門市新會區南約 50 公里的崖門鎮）外海決戰，史稱「崖山之戰」，宋軍敗北、全軍覆沒，左丞相陸秀夫，負八歲的南宋末帝趙昺跳海壯烈而死，南宋亡，元朝統一中國。

南宋之所以所以能獨撐 45 年，並不是蒙古鐵騎浪得虛名，而主要還是攻宋同時又發動西征，分散了大量兵力，所以對用兵南宋總是功敗垂成。

第一次窩闊台攻宋的同時，又派拔都（尤赤的長子）進行了第二次西征（1235 年 - 1242 年），這一征就一路打到伏爾加河流域（Volga River，又譯窩瓦河，位於俄羅斯西南部的高加索地區），撼動了整個歐亞大地；第二次蒙哥攻宋之前，已派其弟旭烈兀（拖雷六子）進行第三次西征（1252 年 - 1260 年），這一征打到紅海，震撼了整個伊斯蘭世界。

其次南宋孟珙、余玠等良將屢敗蒙軍，先後鎮守釣魚城的王堅、張珏，以一座彈丸城池，浴血奮戰，抵擋蒙古大軍 20 年，人道「北宋多名相，南宋多名將」，這些相較於南宋抗金名將，鮮為人知的抗蒙名將，讓不可一世的蒙古大軍，在攻宋的征途上，總是吃足苦頭、成果有限。

除了蒙古西征及南宋抗蒙名將外，汗位爭奪的內訌，也是拿不下南宋主因。在攻宋漫長的 45 年中，蒙古換了 3 位大汗——窩闊台、貴由（窩闊台長子）、蒙哥，每次換領導人，就是一場皇族兄弟的大位爭奪戰，而每次的內鬥，不僅讓南宋得到數年喘口氣的機會，更為之後大蒙古國的分裂，埋下伏筆。大汗窩闊台突病逝後，蒙宋暫時罷兵，乃馬真皇后脫列哥納稱制攝政，把持蒙古朝政，幾經波折、排除了其他奪嫡勢力，她身後由

長子貴由繼承汗位，然貴由汗體弱多病，不久病情惡化就去世了，這汗位爭奪戰又浮上台面。

在長支宗王拔都的強力支持下，但窩闊台及察合台家族不服中，公元1251年，由拖雷家族的蒙哥勝出繼承汗位，自此大蒙古國領導人，也由成吉思汗三子窩闊台家族，轉移到四子拖雷家族，大蒙古國的分裂更趨台面化。

蒙哥繼位後，率軍親征，致力於攻滅南宋，但好景不長，命喪合州釣魚城；蒙哥汗的突然去世，蒙宋雙方停戰議和，但汗位爭奪內鬥大戲立即登場，這次是拖雷四子忽必烈和幼子阿里不哥為主角，先是忽必烈稱汗，接著阿里不哥也跟進，大蒙古國首次同時出現兩位大汗，這樣的場景，當然只有用武力解決，公元1260 - 1264年，持續近五年之久的內戰，最終由忽必烈勝出。

之後忽必烈就集中兵力、全心對付南宋，發動第三次蒙宋戰爭，又歷12年，終於拿下南宋。忽必烈在爭汗位內戰期間，為了爭取各宗王勢力的支持，默認了其他後王封地及其弟旭烈兀封地的獨立地位，分別成立欽察汗國、察合台汗國、窩闊台汗國、伊利汗國，大蒙古國走向分裂。

公元1271年（至元八年）元世祖忽必烈發布《建國號召》，取「大哉乾元」之意，建立「大元」，定都「大都」（今北京），傳五世十一帝，國祚98年。

於元朝之前的大蒙古國時期，僅見三種方孔圓錢：「大朝通寶」、「大朝金合」、「中統元寶」，三種錢均珍稀罕見。前兩者均有「大朝」二字，可能是改稱大元前所鑄，確切時間尚待考證。大朝通寶有銀質[圖79]、銅質兩種，銀質稍多、銅錢罕見，均為小平錢；大朝金合銅錢[圖80]，鑄造相對的精美，但風格形制不像蒙古鑄幣；中統元寶為忽必烈在公元1260年（南宋景定元年）稱汗後，建年號為「中統」時期（1260年 - 1264年）所鑄，錢文有篆書、楷書兩體，均是小平錢，為古泉名珍、極罕見，近年海外未見上拍記錄。

【圖79】大蒙古國「大朝通寶」小平銀質（VG，直徑 23.2mm，重 4g）。拍賣公司：日本株式会社オークション・ワールド (AUCTION WORLD CO., LTD.)；拍賣日期：2010 年 6 月 6 日；成交價：13 萬日元。

資料來源 https://www.auction-world.co/

【圖80】大蒙古國「大朝合金」（VG~F，直徑 36.3mm，重 11.8g）。拍賣公司：日本株式会社オークション・ワールド (AUCTION WORLD CO., LTD.)；拍賣日期：2011 年 4 月 18 日；成交價：21.8 萬日元。

資料來源 https://www.auction-world.co/

　　元朝雖以鈔（即紙幣）為主，但也鑄銅錢為輔幣，只是大多鑄量不大，存世較少。元世祖建立元朝後，所鑄的第一個年號錢是「至元通寶」，傳世有兩種：漢文楷書小平錢 [圖81]，及巴思八文折三錢（見第二章 圖2）。

　　巴思八文是西藏喇嘛教薩迦派首領巴思八，被封為元朝的國師後，於公元 1267 年所創的蒙古新文字。同一年號，分別使用漢文及巴思八文為錢文，是元朝銅錢特色之一，元成宗鐵穆耳鑄「元貞通寶」[圖82、83]、「大德通寶」[圖84、85]，及元武宗海山鑄「大元通寶」[圖86]，均有漢文及巴思八文錢傳世，除大元通寶巴思八文折十錢存世量較豐外，其他均屬珍罕，海外市場偶現蹤影。

　　元朝錢的另一特色就是「供養錢」

【圖81】元世祖忽必烈「至元通寶」小平（VG~F，直徑 24.4mm，重 3.3g）。拍賣公司：日本株式会社オークション・ワールド (AUCTION WORLD CO., LTD.)；拍賣日期：2013 年 6 月 9 日；成交價：18.5 萬日元。

資料來源 https://www.auction-world.co/

【圖 82】元成宗鐵穆耳「元貞通寶」漢文（VG，直徑 24.9mm，重 4.7g）。拍賣公司：日本株式会社オークション・ワールド (AUCTION WORLD CO., LTD.)；拍賣日期：2012 年 6 月 10 日；成交價：44 萬日元。

資料來源 https://www.auction-world.co/

【圖 83】元成宗鐵穆耳「元貞通寶」巴思八文（F）。拍賣公司：日本コインオークション (NIHON-COIN-AUCTION Inc.)；拍賣日期：2017 年 7 月 30 日；成交價：5.6 萬日元。

資料來源 https://www.ncanet.co.jp/

【圖 84】元成宗鐵穆耳「大德通寶」折二漢文（VF，重 6.57g）。拍賣公司：德國 Emporium Hamburg；拍賣日期：2020 年 4 月 23 日；成交價：550 歐元。

資料來源 https://www.numisbids.com/

種類多。供養錢，又稱「佛藏錢」、「廟宇錢」，是寺廟中專門用來放在佛像前供奉的錢幣，元朝的喇嘛僧位為職官，地位崇高，寺院不僅香火鼎盛，且設有自己的鑄錢爐，自鑄以年號為主的供養錢，一般以小錢為主，製作粗糙、文字草率，供養錢就成了不是貨幣的流通貨幣，為泉史上獨有特例，通常傳世不多，皆較罕見，唯真價難辨。

元朝鑄錢出現兩個高潮：1）元武宗海山至大年間（1308 年 - 1311 年），2）元順帝妥懽帖睦爾至正年間（1341 羊 - 1368 年）[註11]。其中武宗鑄「大

註 11. 呂鳳濤編著：《古錢收藏與投資》，華齡出版社，2009 年 1 月，頁 84。

151

【圖 85】元成宗鐵穆耳「大德通寶」折三巴思八文（VG~F，直徑 31.2mm，重 15g）。拍賣公司：日本オークション・ネット（AUCTION-NET Inc.）；拍賣日期：2019 年 12 月 8 日；成交價：150 萬日元。

資料來源 http://www.auction-net.com/

【圖 86】元武宗海山「大元通寶」小平漢文（VG~F，直徑 25.2mm，重 3.7g）。拍賣公司：日本オークション・ネット（AUCTION-NET Inc.）；拍賣日期：2019 年 12 月 8 日；成交價：33 萬日元。

資料來源 http://www.auction-net.com/

元通寶」巴思八文折十、「至大通寶」，及順帝鑄部分「至正通宝」，存世量都相對甚豐。元朝其他各帝幾乎都有鑄年號錢，然所見多屬供養錢，標準官鑄小平，例如元仁宗愛育黎拔力八達「延祐元寶」、元英宗碩德八剌鑄「至治元寶」、元文宗圖帖睦爾鑄「至順元寶」、鑄工雖欠精，皆相對珍罕、值得收藏。

　　元順帝妥懽帖睦爾是元朝的亡國之君，公元 1333 年即位，到公元 1368 年出逃北遁，蒙古退出中原，元朝結束；元朝短短 98 年中，元順帝在位 36 年，就獨佔三分之一強，是在位時間最長的元代皇帝；元順帝早年也曾銳意圖進，只是終究無力回天，成為元朝末代皇帝。

　　元順帝至正年間所鑄「至正之寶」及「至正通寶」，在泉史上皆別具意義。為了恢復對紙鈔的信任，元順帝鑄行了「權鈔錢」，以錢權鈔，該錢正面是「至正之寶」四字，楷書直讀，字體端麗俊秀，相傳為元代書法家周伯琦所書；背穿上有「吉」字，應表示為江西吉安道監製，背穿右邊有「權鈔」（權當銀鈔之意）二字，背穿左邊紀值，分別有伍分、壹錢[圖 87]、壹錢五分、貳錢伍分[圖 88]、伍錢凡五種，皆非常罕有；權鈔錢在貨幣史上絕無僅有，其中伍錢權鈔錢[圖 89]，直徑達 80mm，重 120g 左右，

【圖 87】元順帝妥懽帖睦爾「至元之寶」背「吉、權鈔、壹錢」（G~VG，直徑 52.2mm，重 42.2g）。拍賣公司：日本オークション・ネット (AUCTION-NET Inc.)；拍賣日期：2019 年 12 月 8 日；成交價：105 萬日元。

資料來源

http://www.auction-net.com/

【圖 88】元順帝妥懽帖睦爾「至元之寶」背「吉、權鈔、貳錢伍分（G~VG，直徑 69.2mm，重 70g）。拍賣公司：日本オークション・ネット (AUCTION-NET Inc.)；拍賣日期：2019 年 12 月 8 日；成交價：92 萬日元。

資料來源

http://www.auction-net.com/

【圖 89】元順帝妥懽帖睦爾「至元之寶」背「吉、權鈔、伍錢」（VF，直徑 79mm，厚 5mm）。拍賣公司：日本株式会社オークション・ワールド (AUCTION WORLD CO., LTD.)；拍賣日期：2018 年 7 月 14 日；成交價：140 萬日元。

資料來源

http://www.auctionnet.com/

更是泉史上最大的行用方孔圓錢。

　　至正通寶，正面是漢文，背面穿上用巴思八文地支寅、卯、辰、巳、午紀年，或一、二、三、五、十紀值，或巴思八文、漢文同時在穿上穿下紀值；例如此枚至正通寶^[圖 90]，背面穿上為巴思八文紀值「十」，穿下漢文「壹兩重」，兩種文字的同時出現，讓民族尊重體現在一枚錢幣上，傳世珍稀且寓意深遠。

　　成吉思汗建國後的 50 多年間，蒙古軍隊四方征戰、所向披靡，有人

【圖90】元順帝妥懽帖睦爾「至正通寶」背「十（巴思八文）、壹兩重」（VF，重 22.49g）。拍賣公司：美國 Stack's Bowers and Ponterio；拍賣日期：2020 年 10 月 9 日；成交價：180 美元。

資料來源
https://www.numisbids.com/

統計，先後滅了40多個國家，征服720多個民族，其中征服西遼用了1年、花剌子模用了1年半、西夏用了22年、俄羅斯聯盟用了近5年、橫掃歐洲只用了5年多、金國用了23年，波斯和阿拔斯王朝用了8年，至公元1259年蒙哥汗去世時，大蒙古國已佔據包括漠北、華北、東北、西藏、西域、中亞、西亞、東歐等在內的遼闊地域。

蒙哥汗的意外戰死沙場，成為大蒙古國分裂的導火線，之後忽必烈與阿里不哥的兄弟火拼，及忽必烈儀文制度遵用「漢法」的火上添油，讓帝國正式走向四分五裂的不歸路。以上圖中所示傳世珍罕的的元朝錢，雖大都是大蒙古國分裂後的鑄幣，欣賞中或許仍能讓人們遙想起，蒙古大軍當年金戈鐵馬的雄壯威武。

咸豐大錢，內憂外患中誕生的大珍

歷代鑄造虛值大錢，不管理由多麼冠冕堂皇，根究真正原因，無一例外，都是國庫空虛，藉此搜刮民財。例如王莽鑄的一刀平五千、契刀五百，六泉十布、孫權鑄的大泉五百、大泉當千、大泉二千、大泉五千，劉備鑄的直百五銖，及此處所談的咸豐大錢，都是如出一轍。

然而熟能料到，當時虛值而民不樂用、拒之唯恐不及的「大錢」，千百年後麻雀變鳳凰，如今卻大多成為錢幣收藏者爭相競逐的寵兒。而虛值大錢中，又以咸豐大錢最為火熱，主要因為它品種最豐，僅馬定祥先生

主編的《咸豐泉滙》[註12]，就收錄了四千餘種，這個數字，超過清代其他九帝，所鑄錢幣品種的總和，咸豐鑄錢種類之多，中國歷史上無人能出其右；且距今僅 160 多年，相對品相好、顏值佳的咸豐大錢不少，無怪現今海內外掀起一陣陣拍賣熱、搶購潮。

之前在「緒論 淺談中國古錢幣收藏」中提過，明朝中葉以後，大量白銀源源不斷湧入中國，之後的清朝，一開始即制定了「七分用銀，三分用錢」的方針，大力倡導「用銀為本、用錢為末」[註13]，加上積極開採銀鑛，白銀存量充足，政府財政收支、算計等又均用銀兩計算，讓清朝以銀本位制，持續走在「白銀帝國」的不歸路上。

雖然大數用銀、小數用錢，但清初仍是以小農經濟為主的王朝，而真正日常生活使用，並在各地流通最廣的還是制錢（官局監制鑄造的銅錢；因形式、分量、成色皆有定制，故名）。因為沒有今日成熟的貨幣理論，先進的監管技術，歷朝歷代都要面對貨幣發行量與流通量的頭痛問題，太多太少造成通貨膨脹或緊縮，都直接影響老百姓日常生計，搞不定就釀成農民起義，自古以來、屢見不鮮。

清初順治便開啟了中央與地方兩級鑄制錢制度，中央工部寶源局的制錢，主要用作發放工錢，戶部寶泉局的制錢，專門用以發放軍餉，地方由各省設鑄錢局，依當地需要管控負責發行量，這種兩級鑄錢制度，到康熙年間才真正落實[註10]；如之前曾提過，民間將康熙時代的二十個地方鑄錢局，串成了一首順口背文詩：

「同福臨東江，宣原蘇薊昌。南河寧廣浙，臺桂陝雲漳。」

即是最佳佐證。

貨幣穩健地發行流通，帶動經濟快速發展，國庫財政儲備充足，成為

註 12. 馬定祥主編：《咸豐泉滙》，上海人民出版社，2019 年 11 月 5 日。

註 13. 李曉萍：《金銀流霞 —— 古代金銀貨幣收藏》，浙江大學出版社，2004 年 3 月，頁76-77。

註 10. 韓晗：《讀錢記——誰把歷史藏在錢幣裡》，獨立作家，2016 年 4 月 1 日。

奠定了清初「康雍乾盛世」的有力基礎。

　　清王朝從乾隆後期由盛轉衰，到了嘉慶已漸財政不況，於是拿富可敵國的大貪官和珅開刀，抄了他的家來救國庫空虛，所以民間有「和珅跌倒，嘉慶吃飽」一說。道光推崇節儉，但陷入「越儉越窮、越窮越儉」的惡性循環。道光二十年（公元 1840 年）又發生了鴉片戰爭，清廷戰敗，簽訂了中國歷史上第一個不平等條約——《南京條約》，以割地賠款告終，從此淪為半殖民地社會。

咸豐虛值大錢 = 通貨膨脹

　　清文宗愛新覺羅·奕詝，清朝第九位皇帝，年號「咸豐」；剛即位，於咸豐元年（1851 年）就遇上太平天國，反抗清朝的民變戰爭，太平軍連戰皆捷，於咸豐三年（公元 1853 年）3 月攻下江寧（今南京），定都於此，改稱「天京」。除了太平天國，北方黃河、淮河流域一帶，亦於咸豐二年（1852 年）爆發捻匪之亂，「捻」是農村迎神賽會時要搓捻子燃油，因此得名。

　　戰事不斷擴大，導致軍費大增、稅收大減，鑄錢之用的滇銅（雲南銅料）無法運抵北京，中央軍餉告急，加上鴉片戰爭影響，市場銀貴錢賤，本已拮据的財政，更是雪上加霜，為了籌措軍費，緩和財政危機，「咸豐大錢」就在這內憂外患之中誕生了。清末錢幣學家，被稱為「泉師」的康鮑，在所編著的《大泉圖錄》開篇自序中，有這樣的敘述：

> 「咸豐三年，軍務日滋，滇銅不能繼，壽陽相國權戶部議，請鑄當十大錢，兼增鐵冶以供度支。旋推及當五十，當百錢。巡防王大臣續請鑄當五百，當千兩種。」

說明了鑄咸豐大錢乃不得已而為之。

　　當時的戶部右侍郎王茂蔭，就曾上疏咸豐皇帝，極力反對鑄大錢，指出「官能定錢之值，而不能限物之值」，鑄大錢必致物價大漲，事後證明王茂蔭的確有先見之明。也許大多數人對王茂蔭非常陌生，他卻是馬克思

《資本論》中唯一提到的中國人，他的貨幣理論思想，被西方經濟學史界稱之為「中國傳統貨幣理論的後期最傑出代表人物」[註10]。

咸豐大錢的版本超多，歸結起來有以下幾個特點：

- 幣值分等繁複，有當四、當五、當八、當十、當二十、當三十、當四十、當五十、當八十、當百、當二百、當三百、當四百、當五百、當千等十五種之多，乃空前絕後。

- 一般小平錢稱「通寶」，大錢當四至當五十為「重寶」，當百至當千為「元寶」，但有的省份不受約束，任意決定，例如福建寶福局鑄當百大錢，正面錢文就有咸豐通寶及咸豐重寶兩種，而不稱咸豐元寶。

- 錢體大小、輕重，錢幣材質，變化大沒有統一規格，即使是同一局監，有時都差異甚大，還有鐵錢、鉛錢，同時混雜其間。

咸豐大錢破壞了順治以來一貫推行的制錢制度，當時人民寧可用私鑄減重錢，也不願用虛值大錢，因為用私鑄錢虧損有限，而收虛值大錢，動輒虧損數倍到數十倍，用面值越大越多的大錢、虧損就越大，俗話說「砍頭的生意有人做，賠錢的生意沒人做」，人民為了拒收大錢，只好哄抬物價。

政府變相洗劫人民的財富之後，如前段提到清朝貨幣理論家、財政學家王茂蔭所言，鑄行虛值大錢，必然導致嚴重的通貨膨脹，造成商業混亂、社會不安。咸豐大錢行用不久，咸豐四年（1854年），便下令停鑄了[註11]，據《清史稿》記載：

「大錢當千、當五百、以折當過重，最先廢。當百，當五十緩廢」。

咸豐大錢中「咸豐元寶」當千、當五百因行用時間最短，大多存世量

註10. 韓晗：《讀錢記 - 誰把歷史藏在錢幣裡》，獨立作家，2016年4月1日。

註11. 呂鳳濤編著：《古錢收藏與投資》，華齡出版社，2009年1月，頁106。

稀罕，如寶鞏局當千^[圖 91]、當五百^[圖 92]，寶陝局當千^[圖 93]，寶河局當千^[圖 94]、當五百^[圖 95]，早已成海外熱拍品種；大錢中錢幣面值或面文特殊的，如寶泉局「咸豐重寶」當四十^[見第二章 圖 13]，寶浙局「咸豐重寶」當二十^[圖 96]、當三十^[圖 97]、大頭重豎直當五十^[圖 98]，寶福局「咸豐重寶」背當一十文、七錢五文^[圖 99]、當二十文、一兩五錢^[圖 100]、一百計重五兩^[見第二章 圖 14]等名珍，不勝枚舉。咸豐大錢前所未有、變化多端的品種，正是其高度吸睛，藏家爭相擁有，魅力誘人的源頭。

【圖 91】清「咸豐元寶」寶鞏局當千（直徑 67.3mm，重 77.5g）。拍賣公司：日本株式会社オークション・ワールド (AUCTION WORLD CO., LTD.)；拍賣日期：2010 年 6 月 6 日；成交價：580 萬日元。

資料來源

https://www.auction-world.co/

【圖 92】清「咸豐元寶」寶鞏局當五百（G，直徑 59mm，重 61.5g）。拍賣公司：日本株式会社オークション・ワールド (AUCTION WORLD CO., LTD.)；拍賣日期：2010 年 6 月 6 日；成交價：80 萬日元。

資料來源

https://www.auction-world.co/

【圖 93】清「咸豐元寶」寶陝局當千（VG，直徑 70.5mm，重 108.9g）。拍賣公司：日本株式会社オークション・ワールド (AUCTION WORLD CO., LTD.)；拍賣日期：2009 年 12 月 13 日；成交價：135 萬日元。

資料來源

https://www.auction-world.co/

【圖 94】清「咸豐元寶」寶河局當千（重 96.29g）。拍賣公司：西班牙 Aureo & Calicó S.L.；拍賣日期：2020 年 2 月 12 日；成交價：420 歐元。

資料來源

https://www.numisbids.com/

【圖 95】清「咸豐元寶」寶河局當五百元（直徑 60.1mm，重 63.5g）。拍賣公司：日本株式会社オークション・ワールド (AUCTION WORLD CO., LTD.)；拍賣日期：2009 年 6 月 14 日；成交價：220 萬日元。

資料來源

https://www.auction-world.co/

【圖 96】清「咸豐重寶」寶浙局當二十（VF 直徑 32.4mm）拍賣公司：日本株式会社オークション・ワールド (AUCTION WORLD CO., LTD.)；拍賣日期：2020 年 1 月 18 日；成交價：600 萬日元。

資料來源

https://www.auction-world.co/

【圖 97】清「咸豐重寶」寶浙局當三十（直徑 39.8mm，重 12.8g）。拍賣公司：日本株式会社オークション・ワールド (AUCTION WORLD CO., LTD.)；拍賣日期：2009 年 6 月 14 日；成交價：115 萬日元。

資料來源

https://www.auction-world.co/

【圖98】清「咸豐重寶」寶浙局大頭重豎直當五十（直徑 mm，重 g）。拍賣公司：德國 Auktionshaus Ulrich Felzmann GmbH & Co. KG；拍賣日期：2020 年 3 月 3 日；成交價：3500 歐元。

資料來源

https://www.auction-world.co/

【圖99】清「咸豐重寶」寶福局當一十文七錢五分（VG，直徑 43.6mm，重 26.6g）。拍賣公司：日本株式会社オークション・ワールド（AUCTION WORLD CO., LTD.）；拍賣日期：2008 年 12 月 14 日；成交價：88 萬日元。

資料來源

https://www.auction-world.co/

【圖100】清「咸豐重寶」寶福局當二十文一兩五錢（VF，直徑 49.5mm，重 42.4g）。拍賣公司：日本株式会社オークション・ワールド（AUCTION WORLD CO., LTD.）；拍賣日期：2020 年 10 月 17 日；成交價：130 萬日元。

資料來源

https://www.auction-world.co/

湘軍，咸豐大錢的同時代產物

太平天國之亂爆發，財政頻臨崩潰之際，咸豐為籌措軍費，迫不得已大量鑄行大錢，此舉對緩解財政困窘，挽救垂危的統治，發揮了一定的作用；但可笑的是，真正最後打敗太平天國，由曾國藩一手建立的「湘軍（亦稱湘勇）」，其軍費開支，卻沒有朝廷補助，完全要靠自己設法去找。

　　據晚清經學家、文學家王闓運所著《湘軍志》記載，這支由湖南地方團練所組成的湘軍，自籌軍費主要有幾種渠道，例如捐輸、勸捐、賣官、厘金徵收、鹽稅、茶葉稅等各種手段，其中又以厘金徵收制度為最，成為湘軍軍費的主要來源。

　　「厘金」是從清朝太平天國之亂開始，一直延用至民國二十年（1931年）才廢止的一種地方商業稅。收取厘金的方式，主要以軍隊派兵到各主要交通要道設卡，收過路、過橋費為主，因初定稅率為一厘，「百分之一」為一釐，故名「厘金」，又稱「厘捐、厘金稅」。曾國藩認為厘金徵收制度不錯，便命東征局辦厘局，據《湖南厘務匯纂》記載，湖南是「厘以每錢一千抽收二、三十文錢為率」，即 2-3% 的稅率。湘軍最終能剿滅太平天國，長期支持其龐大軍費開支的並不是咸豐大錢，持久、穩定、積少成多的厘金徵收，反而是功不可沒。

　　咸豐的「咸」是普遍之意，「豐」是富足之意，咸豐大錢反應了，咸豐年間百姓並無普遍富足，而是內憂外患、動亂不安的現象，咸豐皇帝身為清朝最後一位有實權的皇帝，終其有生之年，也沒能夠平定太平天國之亂，而他的英年早逝，更促成了孝欽顯皇后葉赫那拉氏，日後的慈禧太后篡政，成為晚清實際統治者。

　　因太平天國而創建的湘軍，讓晚清一度出現了「中興」的局面，而有「中興將相十九湖湘」一說，除了曾國藩，之後收復新疆的左宗棠，與胡林翼及彭玉麟四人，史學界稱為「晚清中興四大名臣」，後來的「洋務運動」，湘軍人物亦為主要推手。

　　晚清抵禦列強的侵略中，中俄新疆之戰，中法台灣保衛戰、廣西鎮南關之役，中日甲午遼寧牛庄之役、台灣島內抗爭，處處可見湘軍勇猛戰鬥、保家衛國的忠勇事蹟。在欣賞珍稀咸豐大錢的同時，不妨也品讀一下，昔日左宗棠部下楊昌浚寫的一首詩《恭誦左公西行甘棠》：

　　「大將籌邊尚未還，

　　湖湘子弟滿天山；

新栽楊柳三千里，

引得春風渡玉關。」

緬懷同是咸豐年間時代產物，「耐的煩、吃的苦、霸得蠻、捨得死」的湘軍。

珍罕近代機製幣，市場熱門中的大熱門

之前在「第三章 海外淘寶 - 準備與競買」中提過，近代機製幣在海外市場，逐漸水漲船高，成為熱門中的大熱門，其中重要的關鍵就在於有權威的國際認證，這種以科學方法鑒定真偽的同時，又對錢幣作出精準評級，讓中國近代機製幣的交易，比難以辨別真偽的古銅錢更透明化、更國際化，更具長期投資生財潛力。

光緒十年（1884 年）時人稱「張香帥」的晚清洋務派代表人物張之洞出任兩廣總督，當時俗稱「洋錢」或「銀洋錢」的外國銀元，早已大量流入、充斥市場，嚴重擾亂金融，如「西班牙本洋」、「墨西哥鷹洋」、「英國站洋」、「法屬印度支那坐洋」、「日本龍洋」等，其中尤以墨西哥鷹洋為最；為對抗外來銀幣，光緒十三年（1887 年）張之洞設置廣東錢局，率先引進英國鑄幣機器，先試鑄「庫平七錢三分」銀元樣幣，因為英文字「廣東省（KWANG-TUNG PROVINCE）」及「庫平七錢三分（7 MACE AND 3 CANDAREENS）」安排在正面珠圈外環，與之後的銀元標準形制相反，故俗稱「七三反版」或「番版」，此幣由當時金石書法家吳大澂手書，亦稱「吳書番版」。這是中國第一套的機鑄銀圓，面值除「庫平七錢三分」外，另有「三錢六分五釐」，「一錢四分六釐」，「七分三釐」。其中一枚試鑄三錢六分五釐（反版）[圖 101]，近期在海外以高價拍出。

光緒十五年（1889 年）入市流通後，因重量比外國銀元的多一分，中國錢幣史上首套機製銀幣，竟多被收藏、熔毀，導致市面流通反而不暢；翌年採納滙豐銀行的建議，試作重量降為「庫平七錢二分」銀幣，俗

【圖 101】清「光緒元寶」廣東省造庫平三錢六分五釐（反版）試鑄（PCGS-SP64）。拍賣公司：美國 Heritage Auctions, Inc.；拍賣日期：2020 年 12 月 18 日；成交價：14.5 萬美元。

資料來源　https://www.numisbids.com/

【圖 102】清「光緒元寶」廣東省造庫平七錢二分試鑄（NGC-SP60）。 拍賣公司：日本銀座コイン (GINZA COINS CO.)；拍賣日期：2019 年 11 月 23 日；成交價：125 萬日元。

資料來源　https://shop.ginzacoins.co.jp/

稱「七二反版」，但因為仍將洋文列於正面「光緒元寶」年號之外，體制上不妥，此版銀元又引起非議而停鑄，二套短命的廣東省造光緒元寶，如今均已成罕見大珍。

接著替代七二反版的第三套廣東省造光緒元寶問世，俗稱「七二正版」[圖 102]，此幣在中國近代機製銀幣史上，佔有重要地位，因為它成為日後銀元主幣的標準形制，銀幣正面有滿漢文「光緒元寶」四字，珠圈外有上有漢文「廣東省造」，下有「庫平七錢二分」，背面中間為蟠龍圖紋，上有英文「KWANG-TUNG PROVINCE」，下有英文「7 MACE AND 2 CANDAREENS」，民間俗稱「龍洋」或「龍銀」；另配輔幣四等：「三錢六分」、「一錢四分四釐」、「七分二釐」、「三分六釐」。廣東省首次發行龍洋後反應不錯，之後各省紛紛效法，改用機器鑄造龍洋，從此「機製幣」漸成為主流，全面進入中國的貨幣領域。

光緒二十二年（1896 年）時任直隸總督王文釣奏請朝廷批准，由北洋機器局首先開鑄以「圓、角」計數制面額的龍洋，這種樣式與其他省份仍以「兩、錢」計重制面額龍洋完全不同，主幣為壹圓[圖 103]，輔幣為五角、

二角、一角、半角；這是中國第一枚以「圓」計值的銀元，開啓了以「圓」為貨幣單位之先河。

【圖103】大清光緒二十二年北洋機器局造壹圓（NGC-UNC cleaned，重 26.98g）。拍賣公司：美國 Heritage Auctions, Inc.；拍賣日期：2020 年 12 月 18 日；成交價：5.5 萬美元。

資料來源 https://www.numisbids.com/

光緒二十六年（1900年）兩廣總督李鴻章，在廣東首先開鑄銅元，此種正面書光緒元寶，背面有飛龍圖案的銅元，成為清末銅元基本形式，之後各省紛紛仿效，迅速淘汰由各地造的方孔銅錢。

清朝末代皇帝溥儀即位，其父載灃為攝政王，「圓兩之爭」結束，宣統二年（1910年）頒布《幣制則例》，定調以「圓」作為國幣單位，由天津造幣總廠試鑄大清銀幣壹圓、五角、二角五分、一角共四等水龍版一套，宣統三年（1911年）正式鑄造發行包括主幣壹圓，輔幣五角、二角、一角，三等的大清銀幣，依背面蟠龍圖紋計有長鬚龍、短鬚龍、大尾龍、反龍等不同版本，及以「文」為紀值的大清銅幣。

清末由機器所打製的中央、各省光緒元寶、宣統元寶、銅元，及大清金幣、銀幣、銅元等，近年來成為國內外收藏大熱門。如：

- 清「光緒元寶」二十三年安徽省造庫平七錢二分黃銅樣幣 [圖104]

- 「大清銀幣」光緒

【圖104】清「光緒元寶」二十三年安徽省造庫平七錢二分黃銅樣幣（PCGS MS-63 Gold Shield）。拍賣公司：美國 Stack's Bowers and Ponterio；拍賣日期：2020 年 5 月 5 日；成交價：12 萬美元。

資料來源 https://www.numisbids.com/

三十年湖北省造庫平一兩^[圖 105]

- 「大清銀幣」光緒丙午年造中字戶部壹兩^[圖 106]

- 大清金幣」光緒丁未年造庫平壹兩^[圖 107]

- 清「宣統元寶」庚戌春季雲南造庫平七錢二分^[圖 108]

- 「大清銀幣」宣統年造水龍壹圓^[圖 109]

- 「大清銀幣」宣統三年長鬚龍壹圓^[圖 110]

- 「光緒元寶」湖南省造當十黃銅元試鑄^[圖 111]

- 「大清銅幣」宣統年造二分、五枚換銀幣壹角試鑄^[圖 112]

- 「大清銅幣」宣統三年五文、二百枚換銀幣一圓試鑄^[圖 113]

均是近期拍出的珍罕晚清金、銀、銅機製幣。

民國的貨幣制度延續清代的銀本位制，民國機製

【圖 105】「大清銀幣」光緒三十年湖北省造庫平壹兩（NGC-AU58）。拍賣公司：美國 Heritage Auctions, Inc.；拍賣日期：2020 年 12 月 18 日；成交價：5 萬美元。

資料來源 https://www.numisbids.com/

【圖 106】「大清銀幣」光緒丙午年造中字戶部壹兩（NGC-MS64）。拍賣公司：美國 Heritage Auctions, Inc.；拍賣日期：2020 年 12 月 18 日；成交價：24 萬美元。

資料來源 https://www.numisbids.com/

【圖 107】「大清金幣」光緒丁未年造庫平一兩（NGC-MS62）。拍賣公司：日本株式会社オークション・ワールド (AUCTION WORLD CO., LTD.)；拍賣日期：2019 年 7 月 20 日；成交價：1300 萬日元。

資料來源 https://www.auction-world.co/

【圖 108】清「宣統元寶」庚戌春季雲南造庫平七錢二分（NGC-AU58）。拍賣公司：美國 Heritage Auctions, Inc.；拍賣日期：2020 年 7 月 12 日；成交價：55 萬美元。

資料來源

https://www.numisbids.com/

【圖 109】「大清銀幣」宣統年造水龍壹圓（PCGS MS-64 Gold Shield）。拍賣公司：美國 Stack's Bowers and Ponterio；拍賣日期：2020 年 5 月 5 日；成交價：7 萬美元。

資料來源

https://www.numisbids.com/

【圖 110】「大清銀幣」宣統三年長鬚龍壹圓（NGC SPECIMEN-65）。拍賣公司：美國 Heritage Auctions, Inc.；拍賣日期：2020 年 10 月 6 日；成交價：38 萬美元。

資料來源

https://www.numisbids.com/

【圖 111】「光緒元寶」湖南省造當十黃銅元試鑄。拍賣公司：德國 Teutoburger Münzauktion GmbH；拍賣日期：2020 年 2 月 28 日；成交價：4500 歐元。

資料來源

https://www.numisbids.com/

【圖112】「大清銅幣」宣統年造二分、五枚換銀幣壹角試鑄（PCGC SP-63BN）。日本銀座コイン(GINZA COINS CO.)；拍賣日期：2015年11月8日；成交價：160萬日元。

資料來源
https://shop.ginzacoins.co.jp/

【圖113】「大清銅幣」宣統三年五文、二百枚換銀幣一圓試鑄（PCGC MS-62BN）。拍賣公司：日本株式会社オークション・ワールド(AUCTION WORLD CO., LTD.)；拍賣日期：2020年10月17日；成交價：70萬日元。

資料來源
https://www.auction-world.co/

幣，除了「第一章 海外淘寶 - 緣起與認識」介紹過的袁人頭、孫小頭，及船洋外，政治名人肖像紀念金、銀幣，因為鑄量少、工藝精，如今多成為海內外收藏追捧名珍。如：

- 民國元年黎元洪軍帽像「中華民國開國紀念幣」壹圓銀幣[圖114]
- 民國五年袁世凱像「中華帝國、洪憲紀元」拾圓金幣[圖115]
- 中華民國十年九月徐世昌像「仁壽同登」紀念銀幣[圖116]
- 民國十二年曹錕軍裝像憲法成立「紀念」銀幣[圖117]

【圖114】民國元年黎元洪軍帽像「中華民國開國紀念幣」壹圓銀幣（AU/UNC）。拍賣公司：日本銀座コインコイン(GINZA COINS CO.)；拍賣日期：2018年11月3日；成交價：290萬日元。

資料來源 https://shop.ginzacoins.co.jp/

【圖 115】民國五年袁世凱像「中華帝國、洪憲紀元」拾圓金幣（NGC MS60）。拍賣公司：日本株式会社オークション・ワールド（AUCTION WORLD CO., LTD.）；拍賣日期：2019 年 7 月 20 日；成交價：300 萬日元。

資料來源

https://www.auction-world.co/

【圖 116】中華民國十年九月徐世昌像「仁壽同登」紀念銀幣（PCGS AU cleaned）。拍賣公司：摩洛哥 MDC Monnaies de Collection sarl；拍賣日期：2020 年 10 月 29 日；成交價：9000 歐元。

資料來源

https://www.numisbids.com/

【圖 117】民國十二年曹錕軍裝像憲法成立「紀念」銀幣（NGC MS62）。拍賣公司：德國 Fritz Rudolf Künker GmbH & Co. KG；拍賣日期：2020 年 1 月 30 日；成交價：1.2 萬歐元。

資料來源

https://www.numisbids.com/

● 民國十三年段祺瑞像中華民國執政紀念金幣背「和平」 ［圖 118］

【圖 118】民國十三年段祺瑞像中華民國執政紀念金幣背「和平」（NGC MS62）。拍賣公司：日本株式会社オークション・ワールド（AUCTION WORLD CO., LTD.）；拍賣日期：2019 年 7 月 20 日；成交價：480 萬日元。

資料來源

https://www.auction-world.co/

另外，民國十二年北洋政府原本要採用早先的由魯迅、許壽裳、錢稻孫等三人，共同設計的「十二章國徽圖」鑄幣（俗稱「龍鳳幣」）[圖119]，然因該圖案帝王色彩濃厚而作罷。

【圖 119】中華民國十二年造壹圓龍鳳幣（NGC MS64）。拍賣公司：美國 Stack's Bowers and Ponterio；拍賣日期：2020 年 10 月 6 日；成交價：6 萬美元。

資料來源 https://www.numisbids.com/

民國十六年（1927 年）國民政府定都南京，先重新鑄造「孫小頭」中華民國開國紀念幣，並決定停鑄袁世凱像銀幣，以國父孫中山像為新國幣取代，如「中華民國國民政府十六年造」孫中山像陵墓壹圓樣幣[圖120]，由奧地利維也納造幣廠首席雕刻師 Richard Placht（理查 普拉希特）雕模，鑄樣幣 480 枚，據說當時中山陵仍在建造中，普拉希特又從未到過現場，銀幣上的陵墓與中山陵完全不符合，加上當局認為孫中山像，神態貌似德國元帥興登堡，最後此設計未被採用。

【圖 120】「中華民國國民政府十六年造」孫中山像陵墓壹圓樣幣（NGC MS65）。拍賣公司：美國 Heritage Auctions, Inc.；拍賣日期：2019 年 12 月 5 日；成交價：5 萬美元。

資料來源 https://www.numisbids.com/

又如民國十八年國民政府以正面為孫中山肖像，上鑄「中華民國十八年」，背面為三桅帆船，「壹元」分列兩旁的設計方案，請美國、奧地利、意大利、英國及日本的國家造幣廠，雕刻模具送樣比稿，最後雖均未被採用。其中僅義大利版，於正面四點鐘方向有雕刻師「A.MOTTI.INC.（莫蒂）」的簽名，背後五點鐘方向鑄有

羅馬造幣廠簡稱「R」字，一枚珍罕義大利版樣幣[圖121]，最近在海外釋出，此幣浮雕感強烈，栩栩如生。

【圖121】中華民國十八年孫中山像三帆船壹元樣幣意大利「A. MOTTI. INC.」簽字版（NGC SP66）。美國 Stack's Bowers and Ponterio；拍賣日期：2020 年 10 月 6 日；成交價：8.5 萬美元。

資料來源 https://www.numisbids.com/

民國二十一年孫中山像三鳥壹圓銀幣[圖122]，是發行的第一種「船洋」銀幣，俗稱「三鳥幣」。正面中央是孫中山側面頭像，上緣有「中華民國二十一年」八字，背面是雙帆船放洋圖，兩邊有「壹圓」兩字，帆船正上面有三隻高飛鳥，帆船的右側鏨海上日出和 9 條芒線。然此幣正式發行不久後，有些人認為它的圖案似指日本旭日東升，三鳥似暗示已被日本侵佔的東三省，像要飛走了，紛紛指摘不妥，當局遂迅速停鑄並收回短命的三鳥幣，以遏止謠言。

【圖122】民國二十一年孫中山像三鳥壹圓銀幣（PCGS AU58）。拍賣公司：美國 Heritage Auctions, Inc.；拍賣日期：2019 年 12 月 5 日；成交價：5250 美元。

資料來源 https://www.numisbids.com/

如「第一章 海外淘寶 - 緣起與認識」中提過，民國二十二年（1933 年）3 月 10 日國民政府發佈《廢兩改元令》，接著於 4 月 5 日頒佈《銀本位幣鑄造條例》，「廢兩改元」結束了中國近千年的銀兩制，同時由中央造幣廠統一鑄造國幣 — 孫中山像背雙帆船銀元，俗稱「船洋」大量發行。當然這船洋國幣上高飛的三隻鳥，與船右側的旭日都已被刪除，短暫發行的三鳥幣，傳世量稀，今成海內外拍賣搶手珍品。

國際認證的紙幣，是市場的新寵

　　海外尤其是歐美市場，中國古紙鈔、近代紙幣，幾乎沒有例外，都是PMG（Paper Money Guaranty）公司的評級紙幣，因此如同機製幣，紙幣在海外市場最近也大放異彩，逐漸成為主要拍賣新寵、收藏熱門。

　　北宋仁宗天聖二年（1024年）「交子」在益州（今四川）發行，它是中國也是世界最早的紙幣，在宋徽宗崇寧四年（1105年）官方推行更名為「錢引」的紙幣，其流通地區更廣。金海陵王貞元二年（1154年），發行紙幣「交鈔」，之後紙幣成為金國主要貨幣。南宋高宗紹興三十一年（1161年），設會子務，發行「東南會子」，會子成為南宋主要貨幣之一。元朝在元世祖稱汗時（1260年），即大量印發「中統元寶交鈔」[圖123]。建立元朝之後，幣制更以紙幣為主，長期、廣泛、大量地發行和流通紙幣，之後又印發「至元通行寶鈔」[圖124]，中統鈔、至元鈔，一直行用到元末。中統元寶交鈔是現存最早古鈔，之前的均已迭失。

【圖123】元世祖忽必烈「中統元寶交鈔」壹貫（VF）。拍賣公司：土耳其 Green Apple Auction；拍賣日期：2021年1月29日；成交價：1800美元。

(資料來源) https://www.numisbids.com/

　　明朝繼元朝之後，仍以紙幣為主要貨幣，於明太祖洪武八年（1375年），正式發行壹貫（一千文）、五百文、四百文、三百文、二百文、一百文，六等「大明通行寶鈔」。洪武二十二年（1389年），又續發行

【圖 124】元世祖忽必烈「至元通行寶鈔」貳貫
（VG，300x200mm）。拍賣公司：日本泰星オー
クション；拍賣日期：2020 年 5 月 3 日；起拍價：
280 萬日元，未成交。

資料來源 https://www.numisbids.com/

五十文、十文小鈔，大明寶鈔為明朝發行的唯一紙幣，行用約 100 年，至明弘治（1488 年 - 1505 年）以後幾乎完全廢止[註 6]。大明通行寶鈔除了壹貫（見第二章 圖 7）常見外，其他海外均少見，品相佳的更是極罕見。

相較於西方國家，中國在使用紙幣上至少「先進」了數百年，瑞典在 1661 年，美國在 1690 年，法國在 1716 年，俄國在 1768 年，英國在 1797 年，德國在 1806 年才開始使用紙幣[註 14]。然而先進並不代表成功，關鍵仍在於相關配套制度與法令，宋、元、明三朝使用紙幣的最後結果，都是大失民信、大幅貶值，以失敗收場。

清朝對紙幣的使用一開始還是相對保守的，在順治年間曾少量發行「鈔貫」，不久即徹底回收。咸豐三年（1853 年），在鑄咸豐大錢同時，分別發行了「大清寶鈔」[圖 125] 和「戶部官票」[圖 126]。前者又稱「錢鈔」，以制錢為單位，共八種面值；後者又稱「銀票」，以銀兩為單位，共五種面值；兩者合稱「鈔票」，這也是鈔票之名的由來。但由於信譽不佳，各地抵制拒用咸豐鈔票，到同治元年（1862 年）便停止使用。

鴉片戰爭之後道光二十五年（1845 年）英國的麗如銀行（The Oriental Bank Corporation）在香港設立分行，後在廣州、上海、福州等地設立分行，成為第一家進入中國的外資銀行。其他如英國的「渣打銀

註 6. 戴志強編著：《錢幣鑒定》，吉林出版集團有限責任公司，2010 年 6 月，頁 202。

註 14. 蘇則：《紙幣和白銀是怎麼影響帝國命運的─帝國貨幣史》，讀嘉，2020 年 6 月 21 日。

行（Chartered Bank）」、「滙豐銀行（Hongkong and Shanghai Banking Company Limited）」，法國的「巴黎貼現銀行（Comptoir national d'escompte de Paris）」，俄國的「華俄道勝銀行」，德國的「德意志銀行（Deutsche Bank）」，日本的「東京第一國民銀行」、「橫濱正金銀行」，美國的「花旗銀行（Citibank）」等外商銀行也陸續在中國開設分行，並紛紛發行以中國貨幣為單位，或以其本國貨幣為單位的紙幣[註15]。

晚清中資商業銀行也開始成立，光緒二十三（1897年）第一家商業銀行「中國通商銀行」成立，各省也紛紛成立官錢銀號，分別開始發行銀行兌換券、紙幣。民間的票號、銀號、錢莊，甚至當鋪也不落人後的發行錢票、銀票。一些珍稀罕晚清紙幣，許多在海外市場熱拍成交，如：

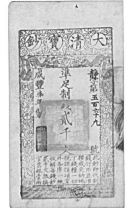

【圖125】咸豐七年「大清寶鈔」貳千文（PMG Choice Extremely Fine 45）。 美 國 Stack's Bowers and Ponterio；拍賣日期：2020 年 6 月 25 日；成交價：900 美元 。

資料來源 https://www.numisbids.com/

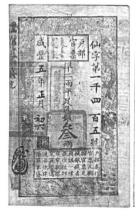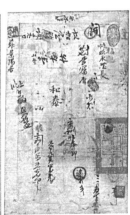

【圖126】咸豐五年「戶部官票」參兩（F+~ VF-）。德國 Christoph Gärtner GmbH & Co.KG；拍賣日期：2020 年 2 月 5 日；成交價：3000 歐元。

資料來源 https://www.numisbids.com/

註 15. 中文維基百科：《外國勢力在華發行貨幣史》，https://zh.m.wikipedia.org。

● 清光緒二十四年中國通商銀行壹兩鈔票^[圖 127]

【圖 127】清光緒二十四年中國通商銀行壹兩鈔票（PMG Choice Very Fine 35）。拍賣公司：
美國 Heritage Auctions, Inc.；拍賣日期：2020 年 9 月 18 日；成交價：1200 美元。

資料來源 https://www.numisbids.com/

● 清光緒二十八年橫濱正金銀行拾圓鈔票^[圖 128]

【圖 128】清光緒二十八年橫濱正金銀行拾圓鈔票（PMG Very Fine 30）。拍賣公司：美國
Heritage Auctions, Inc.；拍賣日期：2020 年 12 月 17 日；成交價：2400 美元。

資料來源 https://www.numisbids.com/

● 清光緒三十一年美商上海花旗銀行壹伯圓^[圖 129]

【圖 129】清光緒三十一年美商上海花旗銀行壹伯圓樣本（PMG Gem Uncirculated 66
EPQ）。美國 Stack's Bowers and Ponterio；拍賣日期：2020 年 10 月 6 日；成交價：4200 美元。

資料來源 https://www.numisbids.com/

- 清光緒三十二年
  漢口大清戶部銀
  兌換券壹圓[圖130]
- 清宣統元年黑龍
  江廣信公司銀元
  票伍角[圖131]
- 清宣統二年北洋天
  津銀號參圓[圖132]
- 清宣統二年哈爾
  濱華俄道勝銀行
  伍百圓鈔票[圖133]

【圖130】清光緒三十二年漢口大清戶部銀兌換券壹圓（PMG About Uncirculated 53）。拍賣公司：美國 Heritage Auctions, Inc.；拍賣日期：2020 年 7 月 12 日；成交價：1800 美元。
資料來源 https://www.numisbids.com/

【圖131】清宣統元年黑龍江廣信公司銀元票伍角（VG）。拍賣公司：日本株式会社オークション・ワールド (AUCTION WORLD CO., LTD.)；拍賣日期：2019 年 4 月 20 日；成交價：101 萬日元。
資料來源 https://www.auction-world.co/

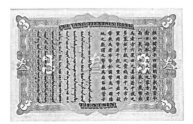

【圖132】清宣統二年北洋天津銀號參圓（PMG Gem Uncirculated 65 EPQ）。美國 Stack's Bowers and Ponterio；拍賣日期：2020 年 10 月 6 日；成交價：8000 美元。
資料來源 https://www.numisbids.com/

【圖 133】清宣統二年哈爾濱華俄道勝銀行伍百圓鈔票（EF+）。拍賣公司：日本銀座コイン
コインコイン (GINZA COINS CO.)；拍賣日期：2008 年 11 月 22 日；成交價：94 萬日元。

（資料來源）https://shop.ginzacoins.co.jp/

　　如在「第一章 海外淘寶 - 緣起與認識」所述，民初概括承受了清末貨
幣制度的一切亂象，民國紙幣亦為其中一環，從民國元年（1912 年）到
民國二十四年（1935 年）發行法幣，其間基本上，本國銀行紙幣、銀票、
滙票，外國銀行鈔票同時通行，五花八門、琳琅滿目。法幣發行至民國
三十七年（1948 年）8 月 19 日廢除，後以金圓券、關金券取代，隨著國
軍在軍事上敗退，不久兩者也成廢紙，之後又以銀圓券取代金圓券，同樣
沒多久，幣值也一瀉千里，1949 年底民國近代鈔票，完全走入歷史。以
下是一些珍罕民國紙幣，海外拍賣的實例：

● 民國元年浙江中國銀行兌換券伍圓 [圖 134]

【圖 134】民國元年浙江中國銀行兌換券伍圓（F）。拍賣公司：日本株式会社オークション
・ワールド (AUCTION WORLD CO., LTD.)；拍賣日期：2019 年 4 月 20 日；成交價：212 萬日元。

（資料來源）https://www.auction-world.co/

● 民國三年中法實業銀行拾圓 [圖 135]

【圖 135】民國三年中法實業銀行拾圓（PMG Choice Uncirculated 64）。美國 Stack's
Bowers and Ponterio；拍賣日期：2020 年 10 月 6 日；成交價：2600 美元。

資料來源 https://www.numisbids.com/

● 民國十年哈爾濱東三省銀行壹圓、拾圓樣本 [圖 136]

【圖 136】民國十年哈爾濱東三省銀行壹圓、拾圓樣本（UNC）。拍賣公司：日本コインオ
ークション (NIHON-COIN-AUCTION Inc.)；拍賣日期：2017 年 12 月 10 日；成交價：16 萬
日元。

資料來源 https://www.ncanet.co.jp/

● 民國十一年中國國寶銀行伍圓樣本 [圖 137]

【圖 137】民國十一年中國國寶銀行伍圓樣本（PMG Gem Uncirculated 66 EPQ）。美國
Stack's Bowers and Ponterio；拍賣日期：2020 年 10 月 6 日；成交價：8500 美元。

資料來源 https://www.numisbids.com/

● 民國十二年英商上香港上海滙豐銀行伍拾圓樣本 [圖 138]

【圖 138】民國十二年英商香港上海滙豐銀行伍拾圓樣本（PMG Gem Uncirculated 66 EPQ）。美國 Stack's Bowers and Ponterio；拍賣日期：2020 年 10 月 6 日；成交價：8250 美元。

資料來源 https://www.numisbids.com/

● 民國十七年吉林永衡官帖壹吊、參吊、伍拾吊 [圖 139]

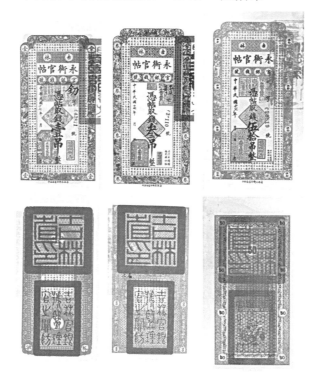

【圖 139】民國十七年吉林永衡官帖壹吊、參吊、伍拾吊（UNC）。拍賣公司：日本コインオークション (NIHON-COIN-AUCTION Inc.)；拍賣日期：2017 年 12 月 10 日；成交價：10.5 萬日元。

資料來源 https://www.ncanet.co.jp/

● 民國三十年中國農民銀行伍拾圓樣本 ^[圖 140]

【圖 140】民國三十年中國農民銀行伍拾圓樣本（PMG Superb Gem Uncirculated 68 EPQ）。
美國 Stack's Bowers and Ponterio；拍賣日期：2020 年 10 月 6 日；成交價：2500 美元。

(資料來源) https://www.numisbids.com/

● 民國三十四年中央銀行貳仟伍佰圓 ^[圖 141]

【圖 141】民國三十四年中央銀行貳仟伍佰圓（PMG Choice Uncirculated 63）。美國 Stack's
Bowers and Ponterio；拍賣日期：2020 年 10 月 6 日；成交價：800 美元。

(資料來源) https://www.numisbids.com/

● 民國三十八年中央銀行金圓券伍拾萬圓金圓券 ^[圖 142]

【圖 142】民國三十八年中央銀行金圓券伍拾萬圓金圓券（PMG Choice AU58）。日本株式
会社オークション・ワールド (AUCTION WORLD CO., LTD.)；拍賣日期：2020 年 1 月 8 日；
成交價：32 萬日元。

(資料來源) https://www.auction-world.co/

越來越看俏的花錢

花錢不是流通貨幣，是鑄成錢形的避邪祈吉之物，隨著古錢收藏愈演愈烈，花錢也異軍突起，成為近年收藏新貴。

花錢古時稱「厭勝錢」，此厭作動詞用，通「壓」字，為「厭而勝之」之意，又稱為壓勝錢或押勝錢。借物厭勝、趨吉避凶為古代民間習俗，如桃版、門神、八卦牌、刀劍等，北宋王安石有一首名詩《元日》：

爆竹聲中一歲除，

春風送暖入屠蘇；

千門萬戶曈曈日，

總把新桃換舊符。

此詩描述宋代過年時，家家戶戶放鞭炮和在門上掛上新桃符，這裏的桃符就是在桃木板寫上「神荼、郁壘」兩位神靈的名字，懸掛在門旁，用來壓邪引福，就是厭勝的意思，後來漸漸就演變成今日的春聯。古時借物厭勝中用的最多最廣的就是厭勝錢，因大多有圖案花紋，人物、動物、吉語等，故民間俗稱「花錢」，也有人稱「畫錢」或「吉祥錢」，日本錢幣收藏界稱之為「絵錢」。

歷代花錢總類繁多，又可細分為鎮庫錢、開爐錢、宮錢、雕母錢、賞賜錢、祝壽錢、吉語錢、行樂錢、廟宇錢等；內容含蓋歷史文化、風俗神話、宗教民情、藝術美學等包羅萬象，深入研究後大有學問。雖然花錢等級難以評定，但其中不乏珍罕品種，以下探討幾枚近期成交的花錢，讓讀者一體他們在海外熱賣的盛況。

其中宮錢是逢年過節或慶典，皇宮內用作賀壽、裝飾、賞賜用的特製錢幣，宮錢源於唐代，到了清代，達到了鼎盛，凡宮錢幾乎多是花錢中的極品。例如龜與鶴在中國都是長壽的象徵，故知「龜鶴齊壽」錢，是為慶祝壽誕而鑄，為宋代吉語花錢之代表作。尤其錢文龜以龜形展示，鶴以鳥形展示，書法精湛、剛勁有力，有宋徽宗「瘦金體」的神韻，但又不完全

是,有人推測為北宋書法家薛紹彭所書。

　　薛紹彭字道祖、長安人,以翰墨名世,與米芾齊名並稱「米薛」,擅長行書、草書;此花錢錢文即使不是薛紹彭之作,也必出自當代大書法家之手。「龜鶴齊壽」花錢一般直徑僅在 50mm 左右,此枚龜鶴齊宮廷壽祝壽特大錢[圖143],直徑達 88mm、厚 4mm、重 134g,整體作工考究,一筆一劃俊秀飄逸,一撇一捺賞心悅目,是一枚令人驚嘆不已的珍罕級大型花錢。

【圖 143】「龜鶴齊壽」宮廷祝壽特大花錢(VF,直徑 88mm,厚 4mm,重 134g)。拍賣公司:日本銀座コイン (GINZA COINS CO.);拍賣日期:2020 年 6 月 10 日;成交價:8.2 萬日元。

資料來源 https://shop.ginzacoins.co.jp/

　　到了清代宮錢通常有兩種:1)正面是吉語、光背,2)正面是年號,背面是八卦圖、天下太平、或吉祥圖案語等,清朝宮錢使用的銅質是精黃銅,製作非常精緻。例如此枚超大型「富壽康寧」背八卦圖花錢[圖144],直徑 88mm,重 448g,為一枚清朝賀壽宮錢的「開爐錢」。「五福」源於《尚書·洪範》:一曰壽、二曰富、

【圖 144】「富壽康寧」背八卦圖宮廷祝壽開爐錢(VF,直徑 88mm,重 448g)。拍賣公司:日本銀座コイン (GINZA COINS CO.);拍賣日期:2019 年 12 月 23 日;成交價:980 萬日元。

資料來源 https://shop.ginzacoins.co.jp/

三曰康寧、四曰攸好德、五曰考終命;即長壽、富貴、康寧、好德、善終之意,「富壽康寧」乃「五福」之首三福,為祝壽吉語。開爐錢是指在正式開鑄宮錢之前,先鑄一批極少數有紀念性質的精工錢幣,極為珍罕。

又如背面有「天下太平」四字的道光通寶^{［圖 145］}與光緒通寶^{［圖 146］}，兩枚大型清朝宮錢；據說天下太平宮錢，是作為新年禮物送給宮裡的人，通常是太監、宮女和侍衛，一般較小的掛在宮燈下，較大的掛在窗簾下，兩枚均屬罕見之品。

民間花錢更是五花八門，其中八仙花錢最為典型。八仙的傳說起源很早，但人物不盡相同，直到明朝吳元泰作《八仙出處東遊記》後，八仙人物始定為：鐵拐李、漢鍾離、呂洞賓、張果老、曹國舅、韓湘子、藍採和、何仙姑。該書記述八仙來到東海，響應呂洞賓的建議，各投隨身法寶於水，以顯神通而過，這個「八仙過海，各顯神通」的精彩神話故事，流傳甚廣、婦孺皆知。與八仙相關的文學藝術作品，隨處可見、比比皆是；打抱不平、懲惡揚善的八仙形象，早已深植人心，成為中國民俗文化的重要一環。

這套八仙銅質花錢^{［圖 147］}為清代鑄造，設計製作精美，一仙一錢，正面文字是八仙的尊稱，楷書書寫、四字對讀：「鐵仙李拐、張仙果老、漢仙鍾離、呂仙洞賓、韓仙湘子、曹仙國舅、藍仙采和、何氏仙姑」，背面

【圖 145】清「同治通寶」背「天下太平「花錢（EF，直徑 43mm，重 28.39g）。拍賣公司：美國 Stephen Album Rare Coins；拍賣日期：2020 年 6 月 12 日；成交價：2 萬美元。

資料來源 https://www.numisbids.com/

【圖 146】清「光緒通寶」背「天下太平」（VG~F，直徑 47.4mm，重 37.4g）。拍賣公司：日本株式会社オークション・ワールド (AUCTION WORLD CO., LTD.)；拍賣日期：2012 年 12 月 9 日；成交價：42 萬日元。

資料來源 https://www.auction-world.co/

【圖 147】清八仙花錢一套（VG～VF，直徑約 33mm，重約 11.5g）。日本銀座コイン (GINZA COINS CO.)；拍賣日期：2020 年 11 月 23 日；成交價：10.5 萬日元。

資料來源　https://shop.ginzacoins.co.jp/

圖案是八位神仙的形象和法器：「鐵拐李的葫蘆、張果老的道筒、漢鍾離的扇子、呂洞賓的寶劍、韓湘子的簫、曹國舅的響板、藍采和的花籃、何仙姑的荷花」。每枚直徑約 33mm，重約 11.5g，整套花錢圖像生動、錢文俊秀，喻意如八仙靠自己的特別能力，而克服困難、創造奇跡。八仙齊聚一堂，八枚一次收齊誠屬不易，實為一套不可多得的民俗珍貴花錢。

出譜錢，有可能的未來大珍

出譜錢又稱「脫譜錢」，主要在形制、大小、輕重、錢文、面值、材質、紀年、紀地、圖案等方面，與以往錢幣書籍、圖譜有明顯的差異，或完全沒有記載、收錄的古錢幣。中國古錢幣浩瀚如海，有資料可尋、有錢

譜可對的珍罕古錢幣，能概略認識它們已是個大工程，對橫空出世的出譜錢，識別上是高難度的。

在海外拍賣會上，與出譜錢偶遇，是一種新發現的興奮、也是一種對未知的期待；最近中國大東北，即黑龍江、吉林、遼寧、內蒙古地區，新發現許多古代錢幣，已是一個不爭的事實，如同這些存世量極少的出譜錢，要被泉界及市場正式認可，似乎仍需等待更多科學資料、數據的佐證。以下是幾枚網上錢幣專家曾討論過的出譜錢，想借此讓讀者了解，海外也有出譜錢可淘。

● 唐朝乾封泉寶折十大錢。唐高宗乾封元年（公元 666 年）所鑄「乾封泉寶」，乃唐代第一枚年號錢，也是中國錢幣史上第一枚以楷書體入錢的貨幣，更是一代女皇武則天，登上權力最高峰的重要見證。

顯慶五年（660 年）唐高宗李治患病，武則天正式公開處理朝政，至麟德元年（664 年），武則天樹立和唐高宗並尊的地位，史稱「二聖臨朝」，麟德三年（666 年）正月初一，唐高宗與皇后武則天，舉行泰山封禪大典，她打破了女子不能參加祭祀的傳統，並以「亞獻」的尊榮登場，經過這次封禪大典，武則天無疑更鞏固了自己的政治地位，成為最大贏家。

為紀念此次泰山封禪大典，高宗大赦天下，改年號為「乾封」，開鑄「乾封泉寶」。載初元年（690 年），武則天稱帝，改唐為「大周」，改元「天授」，加尊號「聖神皇帝」。唯我獨尊的武則天，自然要有完全屬於自己的封禪大典，只不過總是喜歡別樹一格的聖神皇帝，一改慣例將祭祀地點由泰山改為嵩山，且不稱「封禪」、而稱「登封」。身為中國歷史上空前絕後的女皇帝，乾封泉寶無疑是武則天在「登封」路上，代表其旺盛權力企圖心的一枚古錢幣。此枚罕見的乾封泉寶折十大錢[圖148]直徑 45mm，網路錢幣專家獻福壽山石及泉友，曾上博展出幾枚同一形制、大小的出譜折十大

錢。如果乾封泉寶當時是以一當開元十錢,那麼這枚折十大錢是當百使用?還是屬於開爐大錢?種種推測,只有等更多的科學資料出現,才能揭開謎底。

【圖 148】唐高宗李治「乾封泉寶」折十大錢(直徑 45mm)。拍賣公司:比利時 The Coinhouse Auctions;拍賣日期:2020 年 6 月 20 日。

資料來源 https://www.numisbids.com/

● 北宋天聖通寶折五。北宋仁宗趙禎天聖年間(1023 年 - 1032 年)鑄天聖元寶小平錢,有楷書、篆書二體成對錢,銅鐵皆行,但諸泉譜中均未記載仁宗鑄有天聖通寶,唯華光普先生所著《中國古錢大集》,將天聖通寶歸為太平天國試鑄罕見大珍[註16]。近年來網路錢幣專家獻福壽山石、北國盈泉、阿骨打保機、京川遊俠等,均紛紛上博展出直徑約 35mm 的折五型天聖通寶,並與華譜所載約 37mm 的天聖通寶,於材質、銹色、型制、大小、風格、錢文等方面,作了詳細的分析比較,得出兩者非同版同模,而分別是北宋仁宗、太平天國兩個不同時代所鑄,但同名的古銅錢[註17][註18]。

說到北宋仁宗趙禎,大多數人可能只知他是宋朝皇帝之一而已,但若告訴你他就是中國武俠小說開山之作《三俠五義》,第十五回到第十九回,那段「狸貓換太子」故事中的小太子時,也許就不那麼陌生了;雖然書裡主角開封府尹包拯,鐵面無私地偵破了這場宮廷內鬥之劇是杜撰的,但虛構的情節中卻藏有真實歷史的影子。

註 16. 華光普:《中國古錢大集》,湖南人民出版社,2004 年 8 月。

註 17. 獻福壽山石:《北宋奇珍:折五「天聖通寶」錢》,新浪博客,2016 年 10 月 30 日。

註 18. 京川遊俠:《北宋稀見品「天聖通寶光背折五」銅錢析賞》,新浪博客,2013 年 2 月 27 日。

仁宗 13 歲即位，還不懂政事，由章獻明肅皇太后劉娥垂簾聽政，
年號「天聖」。劉太后為宋朝第一位攝政太后，司馬光曾給予極高
評價，常與漢之呂后、唐之武后並稱。當時就有種說法年號「天聖」
二字，可折為「二人聖」，意指由年幼的仁宗與劉太后共同執政。
明道二年（1033 年）劉太后病逝還政於仁宗，之後仁宗得知親生
母親不是劉太后，而是其身旁待女李氏，即後來的李宸妃；以仁慈
著稱的仁宗遂追封李宸妃為皇太后，謚號「莊懿」，後再改謚為章
懿皇后。狸貓換太子中劉妃的原型是明肅皇太后劉娥，李妃的原型
是李宸妃。

這枚出譜的北宋
天聖通寶，直
徑 34.5mm、重
10.04 克 [圖 149]，
它是否如博友京
川遊俠所言，為
天聖年間後期的
試鑄錢，鑄量少
且未正式發行？
有待更多科學資
料來證明，然而

【圖 149】北宋仁宗趙禎「天聖通寶」折五（直徑
34.5mm，重 10.04g）。拍賣公司：匈牙利 Emporium
Hamburg；拍賣日期：2020 年 11 月 11 日。
資料來源 https://www.numisbids.com/

此天聖通寶折五，為北宋仁宗所鑄的奇珍，應已是不爭的事實。

● 遼大安元寶背星折三銀錢。遼道宗耶律洪基大安年間（1085 年 -
1094 年）鑄「大安元寶」，諸錢譜一般僅記小平錢，錢文大安元
寶四字旋讀，楷、隸兼備，大安二字楷書，元寶二字隸書；小平錢
為遼「下八品」之一，版別有短安和長安兩種，短安常見、長安較
少；錢幣大家馬定祥批注《歷代古錢圖說》，稱「尚存折五型大錢，
惜實拓未見」，折十型大錢非常罕見，2010 年嘉德秋拍拍出一品，

成交價格為 28 萬元。

網路錢幣專家咏生藏泉等，曾討論並上博展示大安元寶背光折三銅錢[註19]，其型制大小，錢文書體、風格與本書所示折三錢為同版同模，只是此枚是折三銀錢，且背有巨星，應更為珍稀罕見[圖150]，日本頗具可信度的「古文錢圖錄網：http://ecaps.nekonikoban.org/kosen/」，也收錄了一枚，完全相同的大安元寶折三銀錢。

【圖 150】遼道宗耶律洪基「大安元寶」背星銀質折三（直徑 31.8mm）。拍賣公司：比利時 The Coinhouse Auctions；拍賣日期：2020 年 6 月 20 日。
資料來源 https://www.numisbids.com/

- 慶元元寶折五背永。慶元元寶是南宋寧宗趙擴慶元年間（公元 1195 ～ 1200 年）所鑄，寧宗也許知道的人不多，讓我聯想到的是他的母親，那位歷史上以彪悍跋扈稱著的慈懿皇后李鳳娘，寧宗的父親光宗趙惇生性懦弱，李鳳娘先是挑撥其夫光宗與太上皇孝宗的關係，造成父子長期失和，史稱「過宮風波」；之後異常懼內的光宗精神崩潰發瘋，大權旁落李鳳娘之手，直到紹熙五年（1194），光宗禪位給兒子寧宗趙擴，史稱「紹熙內禪」。李鳳娘驕悍狠毒，干政擅權、幾乎無惡不作，給南宋最初四代皇帝帶來揮之不盡的夢魘，絕對是史上罕見，最後於慶元六年（1200 年）卻得善終去世。

慶元元寶錢譜僅見折三背有「川」字的鐵錢，凡銅質錢不是鐵母（鐵

母是指鐵錢的母錢。實為銅質，製作精良，穿口打磨乾淨，輪廓、背郭整齊，字口、地章乾淨平整無留銅，兩宋鐵母最多）就是鐵範銅（製成鐵錢的砂型後，為了觀察砂型的效果，先將銅液注入，澆鑄出一批銅錢作為試驗。因為鑄造這種銅錢的目的是實驗鐵錢的範，故稱「鐵範銅」），存世極罕，寧宗另鑄有品種繁多的慶元通寶。

此枚慶元元寶折五背永[圖 151]，錢文字體與折三錢相同，但不曾見於錢譜及任何專家上博討論；慶元通寶有折五型背「永」大錢，瘦金體書，存世極其罕見；「永」字，有人說為饒州永平監所鑄，也有人認為是池州永豐監鑄，傳說此錢為賞賜錢，這些說法及此枚珍罕的折五錢，均有待考證。

【圖 151】南宋寧宗趙擴「慶元元寶」折五背「永」（直徑 38.5mm，重 23.08g）。拍賣公司：匈牙利 Emporium Hamburg；拍賣日期：2020 年 11 月 11 日。
資料來源 https://www.numisbids.com/

● 元末德壽通寶銀質折十大錢。元末天下大亂，群雄四起、逐鹿中原，元至正二十三年（1363 年），朱元璋與陳友諒在鄱陽湖水域展開了一場戰略決戰，史稱「鄱陽湖之戰」；此戰被視為中世紀最大規模水戰，結果朱元璋以少勝多、最終完勝，這場關鍵性的戰役，為朱元璋統一江南奠定基礎，更導致日後大明王朝的建立。據張家其先生主編的二十五史《元史、明史》中《陳理》篇所述：

「至正二十三年七月，陳友諒中箭陣亡，太子陳善兒被擒，太尉張定邊趁夜挾持陳友諒次子陳理，載上陳友諒屍體，逃回武昌。陳理

回到武昌後，繼承帝位，改元德壽」。」

次年，朱元璋兵臨武昌城下，陳理出降。因「德壽」二字屬吉祥語，德壽重寶雖早就出現於明、清泉譜，但一度被歸類為花錢，如余榴梁等所著的《中國花錢》中即有收錄其拓本[註20]。然就錢幣風格形制、錢文書法，加上元末群雄割據時，幾乎無一例外，均鑄造了自己的貨幣，如張士誠的「天佑通寶」、韓林兒的「龍鳳通寶」、徐壽輝的「天啓通寶、天定通寶」、陳友諒的「大義通寶」、朱元璋的「大中通寶」，不少錢幣專家認定，德壽重寶就是陳理改元時所鑄，因其名氣不大，且稱帝時間前後僅五個月，錢幣鑄量又少，遂故被歷史洪流遺忘、不為泉譜所載[註21]。

此枚出譜德壽重寶，為更珍罕的銀質折十大錢，直徑 44.5mm[圖152]，網路錢幣專家阿骨打保機，曾上博展出幾枚同一形制、大小的銀質折十大錢，並認為銀、銅二品同版同模，正可佐證史上有鑄。

如果德壽重寶真是陳理所鑄，為何只見大錢而未見小平錢？還是改元時所鑄的例行性開爐錢，只分贈少數朝中大臣，小錢還沒來的及鑄造？德壽重寶如果真如許多專家所指證，是

【圖 152】元末陳理「德壽通寶」銀質折十（直徑 44.5mm）。拍賣公司：比利時 The Coinhouse Auctions；拍賣日期：2020 年 6 月 20 日。

資料來源 https://www.numisbids.com/

元末那場驚心動魄大水戰，「鄱陽湖之戰」的產物，期待他日泉界給予這枚遺忘兒，錢幣史上應得的正當地位。

註 20. 余榴梁等著：《中國花錢》，上海古籍出版社，1992 年。

註 21. 袁華惠：《對「德壽重寶」的查證》，博物雜譚，2013 年 3 月 15 日。

結語

從古至今以譏諷的方式，對「錢」作了最深刻、傳神描寫的文章，莫過於西晉隱士魯褒所寫的《錢神論》。其中講到錢的價值及功用，有一段頗為生動辛辣的論述：

「為世神寶，親之如兄，字曰「孔方」。失之則貧弱，得之則富昌。無翼而飛，無足而走，解嚴毅之顏，開難發之口」

這段話創造了「孔方兄」這三字的名號，讓它成為千年來最響亮的金錢代名詞。

錢「無德而尊，無勢而熱」，1700 多年前，西晉時官僚貴族的上層社會，對金錢崇拜、金錢萬能的扭曲社會價值觀，拿到「一切向錢看」的今天，似乎並不落伍過時，建議讀者有空時，不妨讀讀，借此文警惕自己「不役於錢」的意義，並更領會本章以錢幣相關人事、歷朝貨幣制度、實物成交圖片，所傳達的藏泉正向態度：連結背後歷史、領會貨幣金融、長期投資生財。

貨幣就像是一個朝代、一個國家的名片，透過它我們不僅能見證其背後的歷史，更能探索其背後的金融財經脈動與文明的興盛衰敗。

例如公元 224 年，由波斯貴族所建的「薩珊王朝」，也有人稱之為「新波斯王朝」，在其統治的四百年間，正好是魏、晉至隋、唐，絲綢之路發展的高潮時期，史料記載，隋唐時波斯人在長安有四千余戶，廣州有上萬人，揚州亦有數千人；當時的「薩珊銀幣」流通於歐亞之間，據統計，在中國發現的共有 49 起，總數近 1200 枚[註22]。在公元前 2 世紀甚至更早開通的「陸上絲綢之路」，不僅是東西方的重要商路，更是東西方文化交流的大動脈，薩珊銀幣是這段東西文明輝煌互動的最佳見證。

又如自明朝中葉開始，白銀成為主要貨幣，大量白銀，流入「白銀帝

註 22. 馬克垚主編：《世界文明史──上冊》，北京大學出版社，2004 年 10 月，頁 65。

國」，其中最重要的渠道，就是之前在「緒論 淺談中國古錢幣收藏」中所提過的「馬尼拉大帆船」貿易。大航海時代，西班牙先建立了美洲殖民地，控制了墨西哥、玻利維亞、智利等地，數量產量驚人的銀礦，之後又以亞洲菲律賓建立的殖民地，為轉運交易中心，在此以美洲來的白銀，與由福建漳州月港來的生絲、絲綢、棉布、瓷器等商品，進行直接交易，開闢了一條「漳州月港——菲律賓馬尼拉（Manila）——墨西哥阿卡普爾科（Acapulco de Juárez）」的「太平洋絲綢之路」。從公元 1571 年至 1813 年，歷時 240 多年間，這條航線，揭開了太平洋兩岸的經濟文化交流之序幕。其間巨額白銀湧入，更堅挺鞏固了明清的銀本位制；而由南美鑄造，最早流入中國的「西班牙本洋」，或稱「雙柱銀幣」，應是這段「絲 - 銀對流」、「絲 - 銀貿易」的最佳見證。

　　文明是人類所創造的偉大成果，它既有物質的價值，也有精神內涵。在人類文明、社會進步中，貨幣金融常常是背後的推手，一本由哈佛經濟學者尼爾·弗格森（Niall Ferguson）寫的暢銷書《貨幣崛起（The Ascent of Money: A Financial History of the World）》[註 23]，有這樣兩段話：

　　「The ascent of money has been essential to the ascent of man（貨幣的崛起對人類的進步提升至關重要）」

　　「Behind each great historical phenomenon there lies a financial secret（每個重大歷史事件的背後都有一條金融線索）」

　　讓我們一同由古錢幣收藏中了解線索、提升自己，玩錢於股掌之間，享受其中的魅力與樂趣，卻不受制於錢，實現意義上的真正富足。

註 23. Niall Ferguson：《The Ascent of Money: A Financial History of the World》，PENGUIN BOOKS，2009，p4。

後記

　　在本書即將付梓之際，首先要感謝先父彭濟濤先生，將十枚袁大頭由大陸帶到了台灣，成為我日後學習古錢幣收藏與研究的緣起。親情總是無私、無界，大到你無法用文字形容；我一直覺得自己還是比較幸運的，可由先父的遺物袁大頭為橋樑，不僅與銀元時代的文化、人事、生活，在心靈上巧妙地契合連接，漸漸提升了自我的格局與視野，更在夜深人靜時，享受回想父親的慈顏與教誨，可隨性淚流滿面而不自覺。

　　其次，東海大學前文學院院長丘為君教授，對我在歷史研究上的啓發與指導，東吳大學政治系徐振國教授，對我在探討貨幣金融制度上的勉勵，中國文化大學國家發展與中國大陸研究所歐陽新宜教授，不吝引見出版，及學研翻譯出版社張高維博士，大力協助刊行，均銘感五內、深表謝意！

　　此刻，肆虐已兩年的新冠病毒雖仍陰魂不散，有國際認證的近代機製幣、紙幣，卻在線上拍賣市場大放異采，例如一枚 PCGS SPECIMEN-64 評級，中華民國十七年造的張作霖大元帥紀念幣，於 2021 年 4 月由美國 Stack's Bowers & Ponterio 拍賣，以 190 萬美元成交，創歷史新高。沒有國際認證的珍罕中國古銅錢，在海外也以相對親民的市場價格，持續讓有緣的泉友在驚艷同時、雀躍不已！

　　衷心希望，本書以「連結背後歷史」、「領會貨幣金融」、「長期投資生財」的視角，能引領讀者走進海外淘寶之門，享受收藏、研究、投資中國古錢的樂趣。

古錢幣
彩圖鑑賞

彩圖鑑

古錢幣彩圖鑑賞

【圖 1】先秦「齊返邦長法化」六字刀幣（G~VG, 重 49.2g）。拍賣公司：日本株式会社オークション・ワールド (AUCTION WORLD CO., LTD.)；拍賣日期：2014 年 12 月 7 日；成交價：460萬日元。

資料來源
https://www.auction-world.co/

【圖 2】北宋神宗「元豐通寶」折三篆書鐵母（直徑 32mm）。拍賣公司：西班牙 AUREO & CALICÓ, S.L.；拍賣日期：2020 年 9 月 17 日；成交價：70 歐元。

資料來源 https://www.numisbids.com/

【圖 3】北宋欽宗「靖康通寶」折二篆書（G, 重 8.9g）。拍賣公司：日本株式会社オークション・ワールド (AUCTION WORLD CO., LTD.)；拍賣日期：2013年 12 月 8 日；成交價：460 萬日元。

資料來源 https://www.auction-world.co/

【圖 4】 明末張獻忠「西王賞功」銀幣（VF, 直徑 50mm，重 45g）。
拍賣公司：澳大利亞 Noble Numismatics Pty Ltd；拍賣日期：2020 年
7 月 28 日；成交價：1 萬澳元。

資料來源 https://www.numisbids.com/

【圖 5】 民國五年袁世凱「中華帝國、洪憲紀元」飛龍銀幣（PCGS-
MS67 Gold Shield）。拍賣公司：美國 Stack's Bowers & Ponterio；拍
賣日期：2020 年 10 月 7 日；成交價：95000 美元。

資料來源 https://www.numisbids.com/

【圖 1】民國元年孫文「中華民國開國紀念幣」壹圓銀幣 (XF+)。拍賣公司：波蘭 Warszawskie Centrum Numizmatyczne；拍賣日期：2020 年 11 月 14 日；成交價：4867 歐元。

資料來源

https://www.numisbids.com/

【圖 2】民國十六年孫文「中華民國開國紀念幣」壹圓金幣（NGC-MS66）。拍賣公司：日本株式会社オークション・ワールド (AUCTION WORLD CO., LTD.)；拍賣日期：2019 年 7 月 20 日；成交價：840 萬日元。

資料來源

https://www.auction-world.co/

【圖 3】民國三年壹圓袁大頭加字「甘肅」（NGC-XF cleaned）。拍賣公司：荷蘭 Schulman b.v.；拍賣日期：2020 年 10 月 22 日；成交價：11500 歐元。

資料來源

https://www.numisbids.com/

【圖 4】民國三年壹圓袁大頭加字「蘇維埃」(VF)。拍賣公司：澳大利亞 Noble Numismatics Pty Ltd；拍賣日期：2020 年 3 月 31 日；成交價：750 澳元。

資料來源

https://www.numisbids.com/

【圖 5】民國二年袁世凱羽根帽「中華民国共和紀幣」壹圓金幣（NGC-MS64）。拍賣公司：日本株式会社オークション・ワールド（AUCTION WORLD CO., LTD.）；拍賣日期：2019年 7 月 20 日；成交價：840 萬日元。

資料來源
https://www.auction-world.co/

【圖 6】民國二年袁世凱羽根帽「中華民国共和紀幣」壹圓 L.Giorgi 簽字銀幣（NGC-MS63+）。拍賣公司：日本泰星コイン株式会社（Taisei Coins Corporation）；拍賣日期：2021 年 2 月 21 日；成交價：900 萬日元。

資料來源
https://www.numisbids.com/

【圖 7】民國五年袁世凱「中華帝國、洪憲紀元」飛龍金幣（NGC-MS63）。拍賣公司：日本株式会社オークション・ワールド（AUCTION WORLD CO., LTD.）；拍賣日期：2019年 7 月 20 日；成交價：660 萬日元。

資料來源
https://www.numisbids.com/

【圖 1】清光緒二十三年由南京江南造幣廠或上海江南造幣局試鑄，正面「天子萬年」，背「江南試造當十制錢」(VG~F)。拍賣公司：日本株式会社オークション・ワールドルド (AUCTION WORLD CO., LTD.)；拍賣日期：2009 年 12 月 13 日；成交價：280 萬日元。

資料來源 https://www.auction-world.co/

【圖 2】元世祖忽必烈「至元通寶」巴思八文折三（F，直徑 32.0mm，重 13.0g）。拍賣公司：日本株式会社オークション・ワールドルド (AUCTION WORLD CO., LTD.)；拍賣日期：2010 年 12 月 12 日；成交價：42 萬日元。

資料來源 https://www.auction-world.co/

【圖 3】清「光緒通寶」寶源局造大型宮錢（VF，直徑 62mm、重 236.6g、厚 10.5mm）。拍賣公司：日本株式会社オークション・ワールドルド (AUCTION WORLD CO., LTD.)；拍賣日期：2020 年 7 月 18 日；成交價：460 萬日元。

資料來源

https://www.auctionworld.co/

【圖 4】先秦貨幣楚金版「少貞」（EF，重 10.36g）。拍賣公司：美國 Stack's Bowers &Ponterio；拍賣日期：2020 年 5 月 4 日；成交價：6000 美元。

資料來源

https://www.numisbids.com/

【圖5】先秦貨幣平肩弧足空首布「南」（重42g）。拍賣公司：德國 Teutoburger Münzauktion GmbH；拍賣日期：2019 年 12 月 6 日；成交價：500 歐元。

資料來源 https://www.numisbids.com/

【圖6】魏晉隋唐高昌國「高昌吉利」（F）。拍賣公司：美國 Stephen Album Rare Coins；拍賣日期：2020 年 6 月 12 日；成交價：9000 美元。

資料來源 https://www.numisbids.com/

【圖7】明太祖「洪武大明寶鈔」壹貫（PMG Choice extremely fine 45）。拍賣公司：英國 Spink & Son Ltd；拍賣日期：於 2020 年 4 月 7 日；成交價：3500 英鎊。

資料來源 https://www.numisbids.com/

【圖8】明熹宗「天啓通寶」背「十、一兩、密」（VF，直徑 46mm，重 29.48g）。拍賣公司：美國 Classical Numismatic Group, LLC；拍賣日期：2020 年 10 月 7 日；成交價：300 美元。

資料來源 https://www.numisbids.com/

【圖9】清道光年鑄台灣「老公銀餅」（NGC-AU Details）。拍賣公司：德國 Fritz Rudolf Künker GmbH & Co. KG；拍賞日期：2020 年 1 月 30 日；成交價：19000 歐元。

資料來源 https://www.numisbids.com/

【圖 10】民國十三年段祺瑞像「中華民國執政紀念幣」(UNC)。拍賣公司：澳大利亞 Noble Numismatics Pty Ltd；拍賣日期：2020 年 4 月 21 日；成交價：1 萬澳元。

資料來源 https://www.numisbids.com/

【圖 11】 先秦貨幣趙「晉半」直刀。拍賣公司：德國 Teutoburger Münzauktion GmbH；拍賣日期：2019 年 12 月 6 日；成交價：2000 歐元。

資料來源

https://www.numisbids.com/

【圖 12】唐「開元通寶」折十大錢（直徑 40mm)。拍賣公司：日本株式会社オークション・ワールドルド (AUCTION WORLD CO., LTD.)；拍賣日期：2020 年 9 月 20 日；成交價：42.1 萬日元。

資料來源

https://www.auction-world.co/

【圖 13】清「咸豐重寶」寶泉局當四十（VF，直徑 44mm，重 43.68g)。拍賣公司：日本泰星オークション (TAISEI COIN CO., LTD.)；拍賣日期：2020 年 5 月 3 日；成交價：24 萬日元。

資料來源 https://www.numisbids.com/

【圖 14】清「咸豐重寶」寶福局一百計重五兩（F，直徑 66mm，重 240g)。拍賣公司：澳大利亞 Noble Numismatics Pty Ltd；拍賣日期：2020 年 7 月 28 日；成交價：1 千澳元。

資料來源 https://www.numisbids.com/

【圖1】新朝王莽「一刀平五千」（74x29mm，重33.25g）。拍賣公司：美國Heritage Auctions, Inc.；拍賣日期：2019年12月6日；成交價：10000美元。

資料來源 https://www.numisbids.com/

【圖2】南宋福建沙縣伍拾兩稅銀錠（138x78mm，重1984.68g）。拍賣公司：美國Heritage Auctions, Inc.；拍賣日期：2019年12月6日；成交價：42000美元。

資料來源 https://www.numisbids.com/

【圖3】清宣統元年「大清銀行兌換券」伍圓（Specimen. PMG Superb Gem Uncirculated 67 EPQ）。拍賣公司：美國Stack's Bowers & Ponterio；拍賣日期：2020年10月6日；成交價：16000美元。

資料來源 https://www.numisbids.com/

【圖4】民國三年袁世凱七分面像壹圓銀幣（PCGS SPECIMEN-63）。拍賣公司：美國Stack's Bowers & Ponterio；拍賣日期：2020年10月6日；成交價：29萬美元。

資料來源 https://www.numisbids.com/

【圖 5】北宋仁宗「至和重寶」折二鐵母（直徑 34mm）。拍賣公司：日本株式会社オークション・ワールド (AUCTION WORLD CO., LTD.)；拍賣日期：2020 年 9 月 20 日；成交價：26.2 萬日元。

資料來源 https://www.auction-world.co/

【圖 6】清「光緒元寶湖南省造當十黃銅元」試鑄（NGC-MS62）。拍賣公司：日本株式会社オークション・ワールド (AUCTION WORLD CO., LTD.)；拍賣日期：2020 年 7 月 19 日；成交價：115 萬日元。

資料來源 https://www.auction-world.co/

【圖 7】明世宗「嘉靖通寶」背「十、一兩」。拍賣公司：日本銀座コイン (GINZA COINS CO.)；拍賣日期：2019 年 11 月 23 日；成交價：260 萬日元。

資料來源
https://shop.ginzacoins.co.jp/

【圖 8】民國八年唐繼堯像「軍務院撫軍長唐、擁護共和紀念金幣、當銀幣拾圓」（PCGSAU58）。拍賣公司：日本銀座コイン (GINZA COINS CO.)；拍賣日期：2020 年 11 月 21 日；成交價：88 萬日元。

資料來源
https://shop.ginzacoins.co.jp/

【圖1】先秦原始布（VF，重 86.34g）。
拍 賣 公 司： 美 國 Stack's Bowers &
Ponterio；拍賣日期：2020 年 10 月 5 日；
成交價：2200 美元。

資料來源 https://www.numisbids.com/

【圖3】先秦中型平肩弧足空首布
「少曲市左」（VF，長 85mm）. 拍
賣公司：日本株式会社オークショ
ン・ワールド (AUCTION WORLD
CO., LTD.)；拍賣日期：2019 年 4
月 20 日；成交價：19 萬日元。

資料來源 https://www.auction-world.co/

【圖2】先秦大型平肩弧足空首布「石」
（VF，長 96.7mm）。拍賣公司：日本株
式会社オークション・ワールド (AUCTION
WORLD CO., LTD.)；拍賣日期：2019 年
7 月 20 日；成交價：42 萬日元。

資料來源 https://www.auction-world.co/

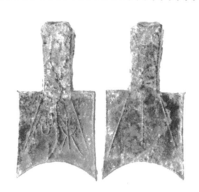

【圖4】先秦小型平肩弧足空首布「東
周」（長 70mm）。拍賣公司：德國
Teutoburger Münzauktion GmbH；拍
賣日期：2019 年 12 月 6 日；成交價：
850 歐元。

資料來源 https://www.numisbids.com/

【圖 5】 先秦小型平肩弧足空首布「文貨」（長 65mm）。拍賣公司：德國 Teutoburger Münzauktion GmbH；拍賣日期：2020 年 9 月 1 日；成交價：700 歐元。

資料來源 https://www.auction-world.co/

【圖 7】 先秦斜肩弧足空首布「武安」（重 18.22g）。拍賣公司：日本銀座コイン (GINZA COINS CO.)；拍賣日期：2019 年 11 月 23 日；成交價：52 萬日元。

資料來源 https://shop.ginzacoins.co.jp/

【圖 6】 先秦斜肩弧足空首布「武采」（VF）。拍賣公司：日本株式会社オークション・ワールド；拍賣日期 (AUCTION WORLD CO., LTD.)：2021 年 1 月 16 日；成交價：78 萬日元。

資料來源 https://www.auction-world.co

【圖 8】 先秦特大型聳肩尖足空手布無文（F，長 154mm）。拍賣公司：日本銀座コイン (GINZA COINS CO.)；拍賣日期：2019 年 11 月 23 日；成交價：6.2 萬日元。

資料來源 https://www.auction-world.co/

【圖9】 先秦中型聳肩尖足空手布無文
（EF，長 135mm）及小型「羽」（EF，
長 119）。拍賣公司：日本株式会社オー
クション・ワールド（AUCTION WORLD
CO., LTD.）；拍賣日期：2019 年 10 月 19
日；成交價：48 萬日元。

資料來源 https://www.auction-world.co/

【圖11】 先秦大型圓足布「藺」背
「一」（VF，重11.27g）。拍賣公司：
美 國 Stack's Bowers & Ponterio；拍
賣日期：2020 年 10 月 5 日；成交價：
未成交；起拍價：900 美元。

資料來源 https://www.numisbids.com/

【圖10】 先秦小型圓足布「离石」背
「五十？」（VF）。拍賣公司：日本銀座
コイン（GINZA COINS CO.）；拍賣日期：
2014 年 11 月 22 日；成交價：65 萬日元。

資料來源 https://shop.ginzacoins.co.jp/

【圖12】 先秦大型銳角布「百涅」
（AU）。拍賣公司：拍賣公司：日
本株式会社オークション・ワールド
（AUCTION WORLD CO., LTD.）； 拍
賣日期：2019 年 4 月 20 日；成交價：
95 萬日元。

資料來源 https://www.auction-world.co/

【圖 13】先秦大型尖足布「甘円」（VF，長 86.8mm)。拍賣公司：日本株式会社オークション・ワールド (AUCTION WORLD CO., LTD.)；拍賣日期：2020 年 1 月 18 日；成交價：38 萬日元。

資料來源 https://www.auction-world.co/

【圖 15】先秦大型尖足布「茲氏」（VF，重 19.88g)。拍賣公司：美國 Stack's Bowers & Ponterio；拍賣日期：2020 年 10 月 5 日；成交價：120 美元。

資料來源 https://www.numisbids.com/

【圖 14】先秦大型尖足布「邪山」（F，重 14.6g)。拍賣公司：日本銀座コイン (GINZA COINS CO.)；拍賣日期：2016 年 11 月 21 日；成交價：8.8 萬日元。

資料來源 https://shop.ginzacoins.co.jp/

【圖 16】先秦方足布「東周」（F~VF)。拍賣公司：日本株式会社オークション・ワールド (AUCTION WORLD CO., LTD.)；拍賣日期：2005 年 11 月 7 日；成交價：20 萬日元。

資料來源 https://www.auction-world.co/

【圖17】 先秦橋足布「陰晉半釿」
（G~VG，重 8.2g））。拍賣公司：
日本株式会社オークション・ワールド
(AUCTION WORLD CO., LTD.)；拍賣日期：
2012 年 12 月 9 日；成交價：46 萬日元。

資料來源 https://www.auction-world.co/

【圖19】 先秦橋足布「虞半釿」
（G）。拍賣公司：日本オークショ
ン・ネット (AUCTION-NET Inc.)；拍
賣日期：2006 年 11 月 7 日；成交價：
16 萬日元。

資料來源 http://www.auction-net.com/

【圖18】 先秦橋足布「梁半釿」（7.2g）。
拍賣公司：日本株式会社オークション
・ワールド （AUCTION WORLD CO.,
LTD.）；拍賣日期：2021 年 9 月 20 日；
成交價：32500 日元。

資料來源 https://www.auction-world.co/

【圖20】 先秦橋足布「安邑半釿」
（G ～ VG，7.3g）。拍賣公司：日
本オークション・ネット (AUCTION-
NET Inc.)；拍賣日期：2011 年 6 月
12 日；成交價：14 萬日元。

資料來源 http://www.auction-net.com/

【圖 21】先秦橋足布「螻鈈」（12.85g）。拍賣公司：美國 Stack's Bowers & Ponterio；拍賣日期：2020 年 10 月 5 日；成交價：320 美元。

資料來源 ：https://www.numisbids.com/

【圖 23】先秦橋足布「晉陽二鈈」（VF，長 64.3mm，重 18.2g）。拍賣公司：日本株式会社オークション・ワールド（AUCTION WORLD CO., LTD.）；拍賣日期：2008 年 6 月 15 日；成交價：44 萬日元。

資料來源 ：https://www.auction-world.co/

【圖 22】先秦橋足布「晉陽一鈈」（52x32mm，重 12.59g）。拍賣公司：德國 Teutoburger Münzauktion GmbH；拍賣日期：2020 年 5 月 26 日；成交價：750 歐元。

資料來源 https://www.numisbids.com/

【圖 24】先秦長布「殊布當鈈」背「十貨」（長 102mm）。拍賣公司：德國 Teutoburger Münzauktion GmbH；拍賣日期：2019 年 12 月 7 日；成交價：550 歐元。

資料來源 https://www.numisbids.com/

【圖 25】先秦連布「四布當釿」（VF，重 16.18g）。拍賣公司：日本銀座コイン (GINZA COINS CO.)；拍賣日期：2012 年 11 月 17 日；成交價：22 萬日元。

【圖 27】先秦「安陽之法化」背「草」五字刀幣（VF，180mm）。拍賣公司：日本株式会社オークション・ワールド (AUCTION WORLD CO., LTD.)；拍賣日期：2019 年 7 月 20 日；成交價：52 萬日元。

【圖 26】先秦「四布當釿」（G，重 8.2g）。拍賣公司：日本株式会社オークション・ワールド (AUCTION WORLD CO., LTD.)；拍賣日期：2013 年 6 月 9 日；成交價：29 萬日元。

【圖 28】先秦「節墨之法化」背「化」五字刀幣（G~VG，重 53.5g）。）。拍賣公司：日本オークション・ネット (AUCTION-NET Inc.)；拍賣日期：2017 年 6 月 4 日；成交價：72 萬日元。

【圖 29】 先秦「節墨法化」背「日」四字刀幣（EF，重 42.2g）。拍賣公司：美國 Stack's Bowers & Ponterio；拍賣日期：2020 年 5 月 6 日；成交價：4000 美元。

資料來源 https://www.numisbids.com/

【圖 31】 先秦「桼垣一釿」圜錢（G，直徑 38.6mm，重 12g）。拍賣公司：日本オークション・ネット (AUCTION-NET Inc.)；拍賣日期：2018 年 12 月 2 日；成交價：6 萬日元。

資料來源 http://www.auction-net.com/

【圖 30】 先秦「齊之法化」背「日」四字刀幣（VF，長 185mm）。拍賣公司：日本株式会社オークション・ワールド (AUCTION WORLD CO., LTD.)；拍賣日期：2020 年 4 月 18 日；成交價：25 萬日元。

資料來源 https://www.auction-world.co/

【圖 32】 先秦「濟陰」圜錢（G，直徑 38mm，重 8.8g）。拍賣公司：日本株式会社オークション・ワールド (AUCTION WORLD CO., LTD.)；拍賣日期：2012 年 12 月 9 日；成交價：50 萬日元。

資料來源 https://www.auction-world.co/

【圖 33】 先秦「東周」「西周」圜錢（VF）。拍賣公司：日本銀座コイン (GINZA COINS CO.)；拍賣日期：2019 年 11 月 23 日；成交價：70 萬日元。

資料來源 https://shop.ginzacoins.co.jp/

珍罕中國
古錢幣收藏

【圖36】先秦「一銖重一兩十四」圜
錢（G，直徑 38mm）。拍賣公司：日
本株式会社オークション・ワールド
(AUCTION WORLD CO., LTD.)；拍賣日
期：2019 年 10 月 19 日；成交價：16
萬日元。

資料來源 https://www.auction-world.co/

【圖34】先秦「离石」圜錢（F，直徑
37mm）。拍賣公司：澳大利亞 Noble
Numismatics Pty Ltd。拍賣日期：2006
年 7 月 25 日；成交價：920 澳元。

資料來源 https://www.noble.com.au/

【圖35】先秦「藺」圜錢（F，直徑
33.2mm，重 11g）。拍賣公司：日
本株式会社オークション・ワールド
(AUCTION WORLD CO., LTD.)；拍賣日
期：2012 年 12 月 9 日；成交價：52
萬日元。

資料來源 https://www.auction-world.co/

【圖37】先秦「一銖重一兩十二」圜
錢（VG）。拍賣公司：日本株式会社
オークション・ワールド；拍賣日期
(AUCTION WORLD CO., LTD.)：2016
年 5 月 10 日；成交價：28.4 萬日元。

資料來源 https://www.auction-world.co/

【圖38】先秦「文信」圜錢（直徑 24.4mm，
重 4g）。拍賣公司：日本株式会社オークショ
ン・ワールド (AUCTION WORLD CO., LTD.)；
拍賣日期：2012 年 6 月 10 日；成交價：200
萬日元。

資料來源 https://www.auction-world.co/

【圖 39】 先秦「長安」圜錢（VF，重 2.39g）。日本銀座コイン (GINZA COINS CO.)；拍賣日期：2012 年 2 月 10 日；成交價：28 萬日元。

資料來源 https://shop.ginzacoins.co.jp/

【圖 41】新朝王莽「么泉一十」（F~VF，直徑 16.2mm，重 1.9g）。拍賣公司：日本株式会社オークション・ワールド (AUCTION WORLD CO., LTD.)；拍賣日期：2015 年 12 月 6 日；成交價：22 萬日元。

資料來源 https://www.auction-world.co/

【圖 40】 先秦「明四」圜錢（F，直徑 29.5mm，重 5.48g）。拍賣公司：日本コインオークション (NIHON-COIN-AUCTION Inc.)；拍賣日期：2017 年 12 月 10 日；成交價：15 萬日元。

資料來源 https://www.ncanet.co.jp/

【圖 42】新朝王莽「幼泉二十」（F，直徑 18.3mm，重 2g）。拍賣公司：日本株式会社オークション・ワールド (AUCTION WORLD CO., LTD.)；拍賣日期：2006 年 4 月 13 日；成交價：15.6 萬日元。

資料來源 https://www.auction-world.co/

【圖 43】新朝王莽「中泉三十」（VF，直徑 20mm）。拍賣公司：澳 大 利 亞 Noble Numismatics Pty Ltd；拍賣日期：2006 年 7 月 27 日；成交價：500 澳元。

資料來源 https://www.noble.com.au/

【圖44】新朝王莽「壯泉四十」（VF，直徑 23mm）。拍賣公司：澳大利亞 Noble Numismatics Pty Ltd；拍賣日期：2009 年 7 月 22 日；成交價：800 澳元。

資料來源 https://www.noble.com.au/

【圖46】新朝王莽「么布二百」（VG，長 37.8mm，重 6.5g）。拍賣公司：日本株式会社オークション・ワールド (AUCTION WORLD CO., LTD.)；拍賣日期：2011 年 6 月 12 日；成交價：14 萬日元。

資料來源 https://www.auction-world.co/

【圖45】新朝王莽「小布一百」（VF-）。拍賣公司：日本銀座コインコイン (GINZA COINS CO.)；拍賣日期：2014 年 11 月 22 日；成交價：8 萬日元。

資料來源 https://shop.ginzacoins.co.jp/

【圖47】新朝王莽「幼布三百」（F，7.54g）。拍賣公司：日本銀座コインコイン (GINZA COINS CO.)；拍賣日期：2012 年 11 月 17 日；成交價：5.5 萬日元。

資料來源 https://shop.ginzacoins.co.jp/

【圖 48】新朝王莽「序布四百」（VF，長
60mm，寬 24mm）。拍賞公司：澳大利
亞 Noble Numismatics Pty Ltd；拍賣日期：
2017 年 3 月 31 日；成交價：2100 澳元。

資料來源 https://www.noble.com.au/

【圖 50】新朝王莽「中布六百」（F+，
重 8.52）。拍賣公司：日本銀座コイン
コイン (GINZA COINS CO.)；拍賣日期：
2012 年 11 月 17 日；成交價：13 萬日元。

資料來源 https://shop.ginzacoins.co.jp/

【圖 49】新朝王莽「差布五百」（重
8.83g）。拍賣公司：西班牙 Aureo &
Calicó S.L.；拍賣日期：2020 年 2 月 12 日；
成交價：550 歐元。

資料來源 https://www.numisbids.com/

【圖 51】新朝王莽「壯布七百」（F）。
拍賣公司：日本コインオークション
(NIHON-COIN-AUCTION Inc.)；拍賣日
期：2017 年 7 月 30 日；成交價：6.5
萬日元。

資料來源 https://www.ncanet.co.jp/

【圖 54】後唐明宗李嗣源「天成元寶」
（直徑 23.6mm，重 5.3g）．拍賣公司：
日本株式会社オークション・ワールド
(AUCTION WORLD CO., LTD.)；拍賣日
前：2013 年 12 月 8 日；成交價：140
萬日元。

資料來源 https://www.auction-world.co/

【圖 52】新朝王莽「第布八百」（VG，
長 58mm，重 10.8g）。拍賣公司：日本
オークション・ネット (AUCTION-NET
Inc.)；拍賣日期：2017 年 12 月 3 日；成
交價：30 萬日元。

資料來源 http://www.auction-net.com/

【圖 55】前蜀高祖王建「永平元寶」
（VG，直徑 24.3mm，重 5.1g）。拍賣
公司：日本株式会社オークション・ワ
ールド (AUCTION WORLD CO., LTD.)；
拍賣日前：2010 年 6 月 6 日；成交價：
78 萬日元。

資料來源 https://www.auction-world.co/

【圖 53】新朝王莽「次布九百」（VG，
重 12.57g）。拍賣公司：美國 Stephen
Album Rare Coins；拍賣日期：2020 年 7
月 25 日；成交價：2400 美元。

資料來源 https://www.numisbids.com/

【圖 56】南漢高祖劉龑「乾亨通寶」（F）。拍賣公司：美國 Stack's Bowers and Ponterio；拍賣司：2020 年 10 月 9 日；成交價：280 美元。

資料來源

https://www.numisbids.com/

【圖 57】南閩王延政「天德重寶」背「殷」（直徑 31.3mm，重 13.4g）。拍賣公司：日本株式会社オークション・ワールド (AUCTION WORLD CO., LTD.)；拍賣日前：2015 年 6 月 7 日；成交價：120 萬日元。

資料來源

https://www.auction-world.co/

【圖 58】南楚王馬殷「天策府寶」光背（直徑 42.5mm，重 36.8g）。拍賣公司：日本株式会社オークション・ワールド (AUCTION WORLD CO., LTD.)；拍賣日前：2013 年 6 月 9 日；成交價：260 萬日元。

資料來源

https://www.auction-world.co/

【圖 59】後蜀後主孟昶「廣政通寶」（直徑 24.1mm，重 3.8g）。拍賣公司：日本株式会社オークション・ワールド (AUCTION WORLD CO., LTD.)；拍賣日前：2012 年 12 月 9 日；成交價：20 萬日元。

資料來源

https://www.auction-world.co/

【圖 60】南唐中主李璟「保大元寶」背
「天」（直徑 33.1mm，重 13.8g）。拍
賣公司：日本株式会社オークション・ワ
ールド (AUCTION WORLD CO., LTD.)；
拍賣日前：2012 年 12 月 9 日；成交價：
240 萬日元。

資料來源 https://www.auction-world.co/

【圖 62】南唐中主李璟「永通泉貨」篆書
（VF，直徑 33.8mm，15.35g）。拍賣公司：
日本コインオークション (NIHON-COIN-
AUCTION Inc.)；拍賣日期：2017 年 12
月 10 日；成交價：25 萬日元。

資料來源 https://www.ncanet.co.jp/

【圖 61】南唐中主李璟「永通泉貨」楷
書（G~VG，直徑 38.6mm，16.2g）。
拍賣公司：日本オークション・ネット
(AUCTION-NET Inc.)；拍賣日期：2019 年
12 月 8 日；成交價：60 萬日元。

資料來源 http://www.auction-net.com/

【圖 63】桀燕劉仁恭、劉守光「永安
一千」（VF，直徑 48mm，重 40.21g）。
拍賣公司：日本株式会社オークション
・ワールド (AUCTION WORLD CO.,
LTD.)；拍賣日前：2019 年 4 月 20 日；成
交價：88 萬日元。

資料來源 https://www.auction-world.co/

【圖 64】遼聖宗耶律隆緒「統和元寶」（G~VG，直徑 25mm，
重 3.8g）。拍賣公司：日本オークション・ネット (AUCTION-NET
Inc.)；拍賣日期：2019 年 12 月 8 日；成交價：35 萬日元。

資料來源

http://www.auction-net.com/

【圖 65】西夏毅宗李諒祚「福聖寶錢」西夏文（VG~F，直徑 24.9mm，重 4.7g）。拍賣公司：日本株式会社オークション・ワールド (AUCTION WORLD CO., LTD.)；拍賣日期：2010 年 6 月 6 日；成交價：34 萬日元。

資料來源 https://www.auction-world.co/

【圖 67】西夏仁宗李仁孝「乾祐寶錢」西夏文（VF，直徑 24.3mm，重 3.8g）。拍賣公司：日本株式会社オークション・ワールド (AUCTION WORLD CO., LTD.)；拍賣日期：2010 年 6 月 6 日；成交價：32 萬日元。

資料來源 https://www.auction-world.co/

【圖 66】西夏惠宗李秉常「大安寶錢」背「月」西夏文（VF，直徑 26.2mm，重 5.2g）。拍賣公司：日本オークション・ネット (AUCTION-NET Inc.)；拍賣日期：2019 年 12 月 8 日；成交價：17.5 萬日元。

資料來源 http://www.auction-net.com/

【圖 68】西夏桓宗李純佑「天慶寶錢」西夏文（VF，直徑 23.9mm，重 4.3g）。拍賣公司：日本株式会社オークション・ワールド (AUCTION WORLD CO., LTD.)；拍賣日期：2010 年 6 月 6 日；成交價：19 萬日元。

資料來源 https://www.auction-world.co/

【圖 69】西夏崇宗李乾順「元德通寶」（直徑 24.8mm，重 3.3g）。拍賣公司：日本株式会社オークション・ワールド (AUCTION WORLD CO., LTD.)；拍賣日期：2011 年 12 月 10 日；成交價：32 萬日元。

資料來源

https://www.auction-world.co/

【圖 70】西夏仁宗李仁孝「乾祐元寶」
（VF）。拍賣公司：日本銀座コイン (GINZA
COINS CO.)；拍賣日期：2019 年 2 月
10 日；成交價：2 萬日元。

資料來源 https://shop.ginzacoins.co.jp/

【圖 72】金代偽齊劉豫「阜昌通寶」篆書
（VG，直徑 29.5mm，6g）。拍賣公司：
日本オークション・ネット (AUCTION-NET
Inc.)；拍賣日期：2018 年 12 月 2 日；成
交價：34 萬日元。

資料來源 http://www.auction-net.com/

【圖 71】金代偽齊劉豫「阜昌元寶」篆書
（VG~F，直徑 26mm，4g）。拍賣公司：
日本オークション・ネット (AUCTION-NET
Inc.)；拍賣日期：2019 年 4 月 15 日；成
交價：41.7 萬日元。

資料來源 http://www.auction-net.com/

【圖 73】金代偽齊劉豫「阜昌重寶」楷
書（VG~F）。拍賣公司：澳大利亞 Status
International；拍賣日期：2020 年 10 月
16 日；成交價：4700 澳元。

資料來源 https://www.numisbids.com/

【圖 74】金海陵王完顏亮「正隆元寶」小平五筆正隆（VG～F，
直徑 24.6mm，3.7g）。拍賣公司：日本オークション・ネット
(AUCTION-NET Inc.)；拍賣日期：2019 年 12 月 8 日；成交價：8.8
萬日元。

資料來源

http://www.auction-net.com/

【圖 75】金章宗完顏璟「泰和通寶」小平（G，直徑 24.8mm，重 3.8g）。拍賣公司：日本オークション・ネット (AUCTION-NET Inc.)；拍賣日期：2012 年 12 月 9 日；成交價：52 萬日元。

資料來源 http://www.auction-net.com/

【圖 77】金章宗完顏璟「泰和通寶」折三（重 10.3g）。拍賣公司：德國 Emporium Hamburg；拍賣日期：2020 年 4 月 24 日；成交價：760 歐元。

資料來源 https://www.numisbids.com/

【圖 76】金章宗完顏璟「泰和通寶」折二（F~VF）。拍賣公司：日本銀座コイン (GINZA COINS CO.)；拍賣日期：2014 年 11 月 22 日；成交價：12.5 萬日元。

資料來源 https://shop.ginzacoins.co.jp/

【圖 78】金宣宗完顏珣「貞祐通寶」（華夏評級一級 72）。拍賣公司：日本株式会社オークション・ワールド (AUCTION WORLD CO., LTD.)；拍賣日期：2017 年 10 月 13 日；成交價：70 萬日元。

資料來源 https://www.auction-world.co/

【圖 79】大蒙古國「大朝通寶」小平銀質（VG，直徑 23.2mm，重 4g）。拍賣公司：日本株式会社オークション・ワールド (AUCTION WORLD CO., LTD.)；拍賣日期：2010 年 6 月 6 日；成交價：13 萬日元。

資料來源

https://www.auction-world.co/

【圖 80】大蒙古國「大朝合金」（VG~F，
直徑 36.3mm，重 11.8g）。拍賣公司：
日本株式会社オークション・ワールド
(AUCTION WORLD CO., LTD.)；拍賣日期：
2011 年 4 月 18 日；成交價：21.8 萬日元。

資料來源 https://www.auction-world.co/

【圖 82】元成宗鐵穆耳「元貞通寶」漢文
（VG，直徑 24.9mm，重 4.7g）。拍賣
公司：日本株式会社オークション・ワー
ルド (AUCTION WORLD CO., LTD.)；拍
賣日期：2012 年 6 月 10 日；成交價：
44 萬日元。

資料來源 http://www.auction-net.com/

【圖 81】元世祖忽必烈「至元通寶」小平
（VG~F，直徑 24.4mm，重 3.3g）。拍賣
公司：日本株式会社オークション・ワー
ルド (AUCTION WORLD CO., LTD.)；拍賣
日期：2013 年 6 月 9 日；成交價：18.5
萬日元。

資料來源 http://www.auction-net.com/

【圖 83】元成宗鐵穆耳「元貞通寶」巴思
八文（F）。拍賣公司：日本コインオーク
ション (NIHON-COIN-AUCTION Inc.)；
拍賣日期：2017 年 7 月 30 日；成交價：
5.6 萬日元。

資料來源 https://www.numisbids.com/

【圖 84】元成宗鐵穆耳「大德通寶」折二
漢文（VF，重 6.57g）。拍賣公司：德國
Emporium Hamburg；拍賣日期：2020 年 4
月 23 日；成交價：550 歐元。

資料來源

https://www.numisbids.com/

【圖 85】元成宗鐵穆耳「大德通寶」折三巴思八文（VG~F，直徑 31.2mm，重 15g）。拍賣公司：日本オークション・ネット（AUCTION-NET Inc.）；拍賣日期：2019 年 12 月 8 日；成交價：150 萬日元。

資料來源 http://www.auction-net.com/

【圖 86】元武宗海山「大元通寶」小平漢文（VG~F，直徑 25.2mm，重 3.7g）。拍賣公司：日本オークション・ネット（AUCTION-NET Inc.）；拍賣日期：2019 年 12 月 8 日；成交價：33 萬日元。

資料來源 http://www.auction-net.com/

【圖 87】元順帝妥懽帖睦爾「至元之寶」背「吉、權鈔、壹錢」（G~VG，直徑 52.2mm，重 42.2g）。拍賣公司：日本オークション・ネット（AUCTION-NET Inc.）；拍賣日期：2019 年 12 月 8 日；成交價：105 萬日元。

資料來源 http://www.auction-net.com/

【圖 88】元順帝妥懽帖睦爾「至元之寶」背「吉、權鈔、貳錢伍分（G~VG，直徑 69.2mm，重 70g）。拍賣公司：日本オークション・ネット（AUCTION-NET Inc.）；拍賣日期：2019 年 12 月 8 日；成交價：92 萬日元。

資料來源 http://www.auction-net.com/

【圖 89】元順帝妥懽帖睦爾「至元之寶」背「吉、權鈔、伍錢」（VF，直徑 79mm，厚 5mm）。拍賣公司：日本株式会社オークション・ワールド（AUCTION WORLD CO., LTD.）；拍賣日期：2018 年 7 月 14 日；成交價：140 萬日元。

資料來源 http://www.auction-net.com/

【圖 90】元順帝妥懽帖睦爾「至正通寶」背「十（巴思八文）、壹兩重」（VF，重 22.49g）。拍賣公司：美國 Stack's Bowers and Ponterio；拍賣日期：2020 年 10 月 9 日；成交價：180 美元。

資料來源 https://www.numisbids.com/

【圖 91】清「咸豐元寶」寶鞏局當千（直徑 67.3mm，重 77.5g）。拍賣公司：日本株式会社オークション・ワールド（AUCTION WORLD CO., LTD.）；拍賣日期：2010 年 6 月 6 日；成交價：580 萬日元。

資料來源 https://www.auction-world.co/

【圖 92】清「咸豐元寶」寶鞏局當五百（G，直徑 59mm，重 61.5g）。拍賣公司：日本株式会社オークション・ワールド（AUCTION WORLD CO., LTD.）；拍賣日期：2010 年 6 月 6 日；成交價：80 萬日元。

資料來源 https://www.auction-world.co/

【圖 93】清「咸豐元寶」寶陝局 當 千（VG，直徑 70.5mm，重 108.9g）。拍賣公司：日本株式会社オークション・ワールド (AUCTION WORLD CO., LTD.)；拍賣日期：2009 年 12 月 13 日；成交價：135 萬日元。

資料來源 https://www.auction-world.co/

【圖 94】清「咸豐元寶」寶河局當千（重 96.29g）。拍賣公司：西班牙 Aureo & Calicó S.L.；拍賣日期：2020 年 2 月 12 日；成交價：420 歐元。

資料來源 https://www.numisbids.com/

【圖 95】清「咸豐元寶」寶河局當五百元（直徑 60.1mm，重 63.5g）。拍賣公司：日本株式会社オークション・ワールド (AUCTION WORLD CO., LTD.)；拍賣日期：2009 年 6 月 14 日；成交價：220 萬日元。

資料來源 https://www.auction-world.co/

【圖 96】清「咸豐重寶」寶浙局當二十（VF 直徑 32.4mm）拍賣公司：日本株式会社オークション・ワールド (AUCTION WORLD CO., LTD.)；拍賣日期：2020 年 1 月 18 日；成交價：600 萬日元。

資料來源 https://www.auction-world.co/

【圖 97】清「咸豐重寶」寶浙局當三十（直徑 39.8mm，重 12.8g）。拍賣公司：日本株式会社オークション・ワールド (AUCTION WORLD CO., LTD.)；拍賣日期：2009 年 6 月 14 日；成交價：115 萬日元。

資料來源 https://www.auction-world.co/

【圖 98】清「咸豐重寶」寶浙局大頭重竪直當五十（直徑 mm，重 g）。拍賣公司：德國 Auktionshaus Ulrich Felzmann GmbH & Co. KG；拍賣日期：2020 年 3 月 3 日；成交價：3500 歐元。

資料來源 https://www.auction-world.co/

【圖 99】清「咸豐重寶」寶福局當一十文七錢五分（VG，直徑 43.6mm，重 26.6g）。拍賣公司：日本株式会社オークション・ワールド (AUCTION WORLD CO., LTD.)；拍賣日期：2008 年 12 月 14 日；成交價：88 萬日元。

資料來源 https://www.auction-world.co/

【圖 100】清「咸豐重寶」寶福局當二十文一兩五錢（VF，直徑 49.5mm，重 42.4g）。拍賣公司：日本株式会社オークション・ワールド (AUCTION WORLD CO., LTD.)；拍賣日期：2020 年 10 月 17 日；成交價：130 萬日元。

資料來源 https://www.auction-world.co/

【圖 101】清「光緒元寶」廣東省造庫平三錢六分五釐（反版）試鑄（PCGS-SP64）。拍賣公司：美國 Heritage Auctions, Inc.；拍賣日期：2020 年 12 月 18 日；成交價：14.5 萬美元。

資料來源

https://www.numisbids.com/

【圖 102】清「光緒元寶」廣東省造庫平七錢二分試鑄（NGC-SP60）。拍賣公司：日本銀座コイン (GINZA COINS CO.)；拍賣日期：2019 年 11 月 23 日；成交價：125 萬日元。

資料來源

https://shop.ginzacoins.co.jp/

【圖 103】大清光緒二十二年北洋機器局造壹圓（NGC-UNC cleaned，重 26.98g）。拍賣公司：美國 Heritage Auctions, Inc.；拍賣日期：2020 年 12 月 18 日；成交價：5.5 萬美元。

資料來源

https://www.numisbids.com/

【圖 104】清「光緒元寶」二十三年安徽省造庫平七錢二分黃銅樣幣（PCGS MS-63 Gold Shield）。拍賣公司：美國 Stack's Bowers and Ponterio；拍賣日期：2020 年 5 月 5 日；成交價：12 萬美元。

資料來源

https://www.numisbids.com/

【圖105】「大清銀幣」光緒三十年湖北省造庫平壹兩（NGC-AU58）。拍賣公司：美國 Heritage Auctions, Inc.；拍賣日期：2020年12月18日；成交價：5萬美元。

資料來源

https://www.numisbids.com/

【圖106】「大清銀幣」光緒丙午年造中字戶部壹兩（NGC-MS64）。拍賣公司：美國 Heritage Auctions, Inc.；拍賣日期：2020年12月18日；成交價：24萬美元。

資料來源

https://www.numisbids.com/

【圖107】「大清金幣」光緒丁未年造庫平一兩（NGC-MS62）。拍賣公司：日本株式会社オークション・ワールド (AUCTION WORLD CO., LTD.)；拍賣日期：2019年7月20日；成交價：1300萬日元。

資料來源

https://www.auction-world.co/

【圖108】清「宣統元寶」庚戌春季雲南造庫平七錢二分（NGC-AU58）。拍賣公司：美國 Heritage Auctions, Inc.；拍賣日期：2020年7月12日；成交價：55萬美元。

資料來源

https://www.numisbids.com/

【圖 109】「大清銀幣」宣統年造水龍壹圓（PCGS MS-64 Gold Shield）。拍賣公司：美國 Stack's Bowers and Ponterio；拍賣日期：2020 年 5 月 5 日；成交價：7 萬美元。

（資料來源）

https://www.numisbids.com/

【圖 110】「大清銀幣」宣統三年長鬚龍壹圓（NGC SPECIMEN-65）。拍賣公司：美國 Heritage Auctions, Inc.；拍賣日期：2020 年 10 月 6 日；成交價：38 萬美元。

（資料來源）

https://www.numisbids.com/

【圖 111】「光緒元寶」湖南省造當十黃銅元試鑄。拍賣公司：德國 Teutoburger Münzauktion GmbH；拍賣日期：2020 年 2 月 28 日；成交價：4500 歐元。

（資料來源）

https://www.numisbids.com/

【圖 112】「大清銅幣」宣統年造二分、五枚換銀幣壹角試鑄（PCGC SP-63BN）。日本銀座コイン (GINZA COINS CO.)；拍賣日期：2015 年 11 月 8 日；成交價：160 萬日元 。

（資料來源）

https://shop.ginzacoins.co.jp/

【圖113】「大清銅幣」宣統三年五文、二百枚換銀幣一圓試鑄（PCGC MS-62BN）。拍賣公司：日本株式会社オークション・ワールド（AUCTION WORLD CO., LTD.）；拍賣日期：2020年10月17日；成交價：70萬日元。

資料來源 https://www.auction-world.co/

【圖114】民國元年黎元洪軍帽像「中華民國開國紀念幣」壹圓銀幣（AU/UNC）。拍賣公司：日本銀座コインコイン（GINZA COINS CO.）；拍賣日期：2018年11月3日；成交價：290萬日元。

資料來源 https://shop.ginzacoins.co.jp/

【圖115】民國五年袁世凱像「中華帝國、洪憲紀元」拾圓金幣（NGC MS60）。拍賣公司：日本株式会社オークション・ワールド（AUCTION WORLD CO., LTD.）；拍賣日期：2019年7月20日；成交價：300萬日元。

資料來源 https://www.auction-world.co/

【圖116】中華民國十年九月徐世昌像「仁壽同登」紀念銀幣（PCGS AU cleaned）。拍賣公司：摩洛哥 MDC Monnaies de Collection sarl；拍賣日期：2020年10月29日；成交價：9000歐元。

資料來源 https://www.numisbids.com/

【圖 117】民國十二年曹錕軍裝像憲法成立「紀念」銀幣（NGC MS62）。拍賣公司：德國 Fritz Rudolf Künker GmbH & Co. KG；拍賣日期：2020 年 1 月 30 日；成交價：1.2 萬歐元。

資料來源

https://www.numisbids.com/

【圖 118】民國十三年段祺瑞像中華民國執政紀念金幣背「和平」（NGC MS62）。拍賣公司：日本株式会社オークション・ワールド (AUCTION WORLD CO., LTD.)；拍賣日期：2019 年 7 月 20 日；成交價：480 萬日元。

資料來源 https://www.auction-world.co/

【圖 119】中華民國十二年造壹圓龍鳳幣（NGC MS64）。拍賣公司：美國 Stack's Bowers and Ponterio；拍賣日期：2020 年 10 月 6 日；成交價：6 萬美元。

資料來源

https://www.numisbids.com/

【圖 120】「中華民國國民政府十六年造」孫中山像陵墓壹圓樣幣（NGC MS65）。拍賣公司：美國 Heritage Auctions, Inc.；拍賣日期：2019 年 12 月 5 日；成交價：5 萬美元。

資料來源

https://www.numisbids.com/

【圖121】中華民國十八年孫中山像三帆船壹元樣幣意大利「A. MOTTI. INC.」簽字版（NGC SP66）。美國 Stack's Bowers and Ponterio；拍賣日期：2020年10月6日；成交價：8.5萬美元。

資料來源

https://www.numisbids.com/

【圖122】民國二十一年孫中山像三鳥壹圓銀幣（PCGS AU58）。拍賣公司：美國 Heritage Auctions, Inc.；拍賣日期：2019年12月5日；成交價：5250美元。

資料來源

https://www.numisbids.com/

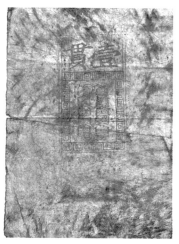

【圖123】元世祖忽必烈「中統元寶交鈔」壹貫（VF）。拍賣公司：土耳其 Green Apple Auction；拍賣日期：2021年1月29日；成交價：1800美元。

資料來源 https://www.numisbids.com/

【圖125】咸豐七年「大清寶鈔」貳千文（PMG Choice Extremely Fine 45）。美國 Stack's Bowers and Ponterio；拍賣日期：2020 年 6 月 25 日；成交價：900 美元。

資料來源 https://www.numisbids.com/

【圖126】咸豐五年「戶部官票」參兩（F+~VF-）。德國 Christoph Gärtner GmbH & Co.KG；拍賣日期：2020 年 2 月 5 日；成交價：3000 歐元。

資料來源 https://www.numisbids.com/

【圖124】元世祖忽必烈「至元通行寶鈔」貳貫（VG，300x200mm）。拍賣公司：日本泰星オークション；拍賣日期：2020 年 5 月 3 日；起拍價：280 萬日元，未成交。

資料來源 https://www.numisbids.com/

【圖127】清光緒二十四年中國通
商銀行壹兩鈔票（PMG Choice Very
Fine 35）。拍賣公司：美國 Heritage
Auctions, Inc.；拍賣日期：2020 年 9 月
18 日；成交價：1200 美元。

資料來源 https://www.numisbids.com/

【圖128】清光緒二十八年橫濱正
金銀行拾圓鈔票（PMG Very Fine
30）。拍賣公司：美國 Heritage
Auctions, Inc.；拍賣日期：2020 年
12 月 17 日；成交價：2400 美元。

資料來源 https://www.numisbids.com/

【圖129】清光緒三十一年美商上海花旗銀行壹伯圓樣本（PMG Gem Uncirculated 66
EPQ）。美國 Stack's Bowers and Ponterio；拍賣日期：2020 年 10 月 6 日；成交價：4200 美元。

資料來源 https://www.numisbids.com/

【圖130】清光緒三十二年漢口大清戶部銀兌換券壹圓（PMG About Uncirculated 53）。拍賣公司：美國 Heritage Auctions, Inc.；拍賣日期：2020 年 7 月 12 日；成交價：1800 美元。

資料來源 https://www.numisbids.com/

【圖131】 清宣統元年黑龍江廣信公司銀元票伍角（VG）。拍賣公司：日本株式会社オークション・ワールド（AUCTION WORLD CO., LTD.）；拍賣日期：2019 年 4 月 20 日；成交價：101 萬日元。

資料來源 https://www.auction-world.co/

【圖132】 清宣統二年北洋天津銀號參圓（PMG Gem Uncirculated 65 EPQ）。美國 Stack's Bowers and Ponterio；拍賣日期：2020 年 10 月 6 日；成交價：8000 美元。

資料來源 https://www.numisbids.com/

【圖133】清宣統二年哈爾濱華俄道勝銀行伍百圓鈔票（EF+）。拍賣公司：日本銀座コインコインコイン (GINZA COINS CO.)；拍賣日期：2008年11月22日；成交價：94萬日元。

資料來源 https://shop.ginzacoins.co.jp/

【圖134】民國元年浙江中國銀行兌換券伍圓（F）。拍賣公司：日本株式会社オークション・ワールド (AUCTION WORLD CO., LTD.)；拍賣日期：2019年4月20日；成交價：212萬日元。

資料來源 https://www.auction-world.co/

【圖135】民國三年中法實業銀行拾圓（PMG Choice Uncirculated 64）。美國 Stack's Bowers and Ponterio；拍賣日期：2020年10月6日；成交價：2600美元。

資料來源 https://www.numisbids.com/

【圖 136】民國十年哈爾濱東三省銀行壹圓、拾圓樣本（UNC）。拍賣公司：日本コインオークション (NIHON-COIN-AUCTION Inc.)；拍賣日期：2017 年 12 月 10 日；成交價：16 萬日元。

資料來源 https://www.ncanet.co.jp/

【圖 137】民國十一年中國國寶銀行伍圓樣本（PMG Gem Uncirculated 66 EPQ）。美國 Stack's Bowers and Ponterio；拍賣日期：2020 年 10 月 6 日；成交價：8500 美元。

資料來源 https://www.numisbids.com/

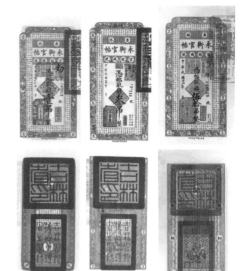

【圖136】民國十二年英商上香港上海滙
豐銀行伍拾圓樣本（PMG Gem Uncirculated
66 EPQ）。 美 國 Stack's Bowers and
Ponterio；拍賣日期：2020 年 10 月 6 日；
成交價：8250 美元。

資料來源 https://www.numisbids.com/

【圖136】民國十七年吉林永衡官帖壹
吊、參吊、伍拾吊（UNC）。拍賣公司：
日本コインオークション (NIHON-COIN-
AUCTION Inc.)；拍賣日期：2017 年 12
月 10 日；成交價：10.5 萬日元。

資料來源 https://www.ncanet.co.jp/

【圖140】民國三十年中國農民銀行伍拾圓樣本（PMG Superb Gem Uncirculated 68
EPQ）。美國 Stack's Bowers and Ponterio；拍賣日期：2020 年 10 月 6 日；成交價：2500
美元。

資料來源 https://www.numisbids.com/

【圖 141】民國三十四年中央銀行貳仟伍佰圓（PMG Choice Uncirculated 63）。美國 Stack's Bowers and Ponterio；拍賣日期：2020 年 10 月 6 日；成交價：800 美元。

資料來源 https://www.numisbids.com/

【圖 142】民國三十八午中央銀行金圓券伍拾萬圓金圓券（PMG Choice AU58）。日本株式会社オークション・ワールド (AUCTION WORLD CO., LTD.)；拍賣日期：2020 年 1 月 8 日；成交價：32 萬日元。

資料來源 https://www.auction-world.co/

【圖 143】「龜鶴齊壽」宮廷祝壽特大花錢（VF，直徑 88mm，厚 4mm，重 134g）。拍賣公司：日本銀座コイン (GINZA COINS CO.)；拍賣日期：2020 年 6 月 10 日；成交價：8.2 萬日元。

資料來源

https://shop.ginzacoins.co.jp/

【圖144】「富壽康寧」背八卦圖宮廷祝壽開爐錢（VF，直徑88mm，重448g）。 拍賣公司：日本銀座コイン（GINZA COINS CO.）；拍賣日期：2019年12月23日；成交價：980萬日元。

資料來源
https://shop.ginzacoins.co.jp/

【圖145】清「同治通寶」背「天下太平」花錢（EF，直徑43mm，重28.39g）。拍賣公司：美國 Stephen Album Rare Coins；拍賣日期：2020年6月12日；成交價：2萬美元。

資料來源
https://www.numisbids.com/

【圖146】清「光緒通寶」背「天下太平」（VG~F，直徑47.4mm，重37.4g）。拍賣公司：日本株式会社オークション・ワールド（AUCTION WORLD CO., LTD.）；拍賣日期：2012年12月9日；成交價：42萬日元。

資料來源
https://www.auction-world.co/

【圖 147】清八仙花錢一套（VG～VF，直徑約 33mm，重約 11.5g）。日本銀座コイン (GINZA COINS CO.)；拍賣日期：2020 年 11 月 23 日；成交價：10.5 萬日元。

資料來源 https://shop.ginzacoins.co.jp/

- -

【圖 148】唐高宗李治「乾封泉寶」折十大錢（直徑 45mm）。拍賣公司：比利時 The Coinhouse Auctions； 拍賣日期：2020 年 6 月 20 日

資料來源

https://www.numisbids.com/

【圖 149】北宋仁宗趙禎「天聖通寶」折五（直徑 34.5mm，重 10.04g）。拍賣公司：匈牙利 Emporium Hamburg；拍賣日期：2020 年 11 月 11 日。

資料來源
https://www.numisbids.com/

【圖 150】遼道宗耶律洪基「大安元寶」背星銀質折三（直徑 31.8mm）。拍賣公司：比利時 The Coinhouse Auctions；拍賣日期：2020 年 6 月 20 日。

資料來源
https://www.numisbids.com/

【圖 151】 南宋寧宗趙擴「慶元元寶」折五背「永」（直徑 38.5mm，重 23.08g）。拍賣公司：匈牙利 Emporium Hamburg；拍賣日期：2020 年 11 月 11 日。

資料來源
https://www.numisbids.com/

【圖 152】 元末陳理「德壽通寶」銀質折十（直徑 44.5mm）。拍賣公司：比利時 The Coinhouse Auctions；拍賣日期：2020 年 6 月 20 日。

資料來源
https://www.numisbids.com/

國家圖書館出版品預行編目（CIP）資料

珍罕中國古錢幣收藏：海外淘寶 = Collection
of rare ancient Chinese coins : a treasure hunt
overseas/ 彭慶綱 (Charles Peng) 著 . -- 一版 . --
臺北市：學研翻譯出版有限公司 , 2022.03
　　面 ；　公分 . -- (學研叢書 ; 2)
　　ISBN 978-986-99681-1-9(平裝)

　　1.CST: 古錢　2.CST: 中國

　　793.4　　　　　　　　　　　　111002660

學研叢書 02
珍罕中國古錢幣收藏（海外淘寶）

作　　　者　彭慶綱（Charles Peng）
發 行 人　張高維
主　　　編　康　美
執 行 編 輯　張志雄
編　　　輯　張佑瑋　李曉琪　許嘉莉　鄒庭嘉
出 版 者　學研翻譯出版有限公司
　　　　　　臺北市中山區中山北路三段 29 號 5 樓之 2
　　　　　　電話：(02)2586-7889
　　　　　　傳真：(02)2597-8921
　　　　　　e-mail：sytplc@gmail.com
　　　　　　學研官網：sycbook.com
　　　　　　郵政劃撥：50444427（學研翻譯出版有限公司）
排版印刷　華剛數位印刷有限公司
　　　　　　臺北市長安東路二段 169 號 7 樓之 2
　　　　　　電話：(02)2776-4086
代理經銷　白象文化事業有限公司
　　　　　　臺中市東區和平街 228 巷 44 號
　　　　　　電話：(04)2220-8589
　　　　　　傳真：(04)2220-8505
出版日期　2022 年 3 月一版初刷
定　　　價　480 元整